一個女子的朝聖之路

Buen Camino！

Camino de Santiago

西班牙徒步壯遊攻略

修訂版

原來我也能以自己的方式實現朝聖旅途

初聽聞 Jean 眉飛色舞與我們分享她的朝聖之路歷程，我只當作在聽一段奇妙的都市傳說，完全沒有「好羨慕啊」「好想去啊」的念頭，就像我明白我這輩子不可能登上聖母峰一樣，直覺這段西班牙朝聖之路也不關我的事，因為我一來不是教徒何需要「朝聖」？再者我喜歡的旅行方式是享受的、舒適的，為什麼要徒步幾百公里來虐待自己？

後來發現，徒步西班牙朝聖之路的人中其實有一半不單純只是為了宗教因素，更有一成以上的人踏上這段旅程與宗教全然無關。究竟聖雅各之路（Camino de Santiago）的魅力在哪裡？為何每年總能夠吸引全球數十萬旅人前往挑戰，甚至台灣這個遠在東亞不是主要信仰天主教的地方，這兩年前往徒步的人口都有大幅成長。

Jean 說，吸引她走朝聖之路的原因，僅僅是因為一幅遼闊的荒野畫面。雖然她後來累到掛在背包上的拖鞋被風吹到後方，卻連走回去拿的力氣都沒有，當她做好心理準備跟她的拖鞋道別時，後頭的朝聖者竟拾獲拖鞋，並沿路尋覓失主而來，讓 Jean 大為感動。

Jean 在路上遇見一個韓國女孩，當她喝完寶特瓶內的最後一滴水便欲將瓶子丟棄，因為她已經體力枯竭到不願意身上再有多一絲的重量，Jean 想盡量不要污染山林，便豪氣干雲地說：「我幫你背！」

因為第一天在天氣極糟的狀況下翻越庇里牛斯山，讓 Jean 傷了膝蓋，面臨誘人的巴士選項，她也曾經過一番天人交戰……原來，在朝聖路上，有一些路段選擇搭乘巴士也可以說是朝聖者的日常，沒有人會為此感到羞愧。

這讓我忽然湧起了一點信心，原來七百多公里的路途

不是只能埋頭走到越來越絕望，也是可以有其他的選擇。我問 Jean：「你可是走過聖母峰基地營的人！難道平坦的朝聖之路會比聖母峰還艱難？」

Jean 說：「朝聖之路雖然沒有太崎嶇的高海拔，但整個路途距離實在太長，且大部份時間都是一個人在荒野中獨行，難免會覺得孤單無援。」

聽著 Jean 講述路途上的種種經歷，我竟越來越嚮往：體力枯竭到無法回頭尋回自己的物品，甚至無法多背負一個空寶特瓶，這是什麼樣的感覺？幾十天只有一個人在曠野獨行，又會是怎樣的心情？想感受這些獨特微妙的掙扎，恐怕只有真正踏上朝聖之路了。

於是 Jean 將路上的故事化作文字，與我們分享她的疼痛喜悅、暖心人情，還有隱隱約約的異國之戀。Jean 以她過來人的經驗，提醒我們朝聖路上的重點注意事項，避免犯她犯過的失誤，當然更少不了朝聖之路的基本資訊、行前準備及路上可能會遇到的難題，Jean 都鉅細靡遺地寫進這本書裡。

讀完 Jean 的文字，登山健行最了不起的資歷只有花蓮錐麓古道的我，竟莫名心生一股豪情壯志，七百多公里的朝聖之路我應該也能辦到，而且我要全程徒步完成！或許當人生到了某個關卡需要沉澱的時刻，就是出發的時候。

註：書中資訊在出版當下都盡量維持最新，但隨著時間發展可能略有異動，尤其交通部份，出發前宜再確認。

一點勇氣，和雷打不動的決心

說走就走的旅行，總是建立在某種積蓄已久的念想基礎。

2019年5月中，我一個人背著約七公斤重的背包，就此踏上近兩個月的歐洲之旅，朝聖之路安排在行程中間，理由僅僅是因為一幅遼闊的荒原畫面，心中嚮往的慾望一旦被點燃，就變得非去不可。出發前不曾去思考能獲得什麼，相信行走本身，已經是一種獲得。

不論是渴望心靈療癒、尋找自我，或者純粹熱愛旅遊健行，在這條古老的朝聖路上，會發現來自地球四面八方，無關膚色或國籍，所有人類都在感受並經歷著相似的喜樂哀愁。

朝聖之路的其中一個迷人之處在於，是一段完全脫離日常現實與自己相處的過程，既能感受大自然的純淨美好、體驗西班牙小鎮的人文風光，又有充裕的時間審視自己。從信仰中也好，從體力的極限中、或從增廣的見聞中也好，重要的是，藉由旅行與靜默的苦行，讓我們汲取更多用來面對生活的力量和勇氣。

「After Camino, the real Camino starts.」許多走過的朝聖者們都這麼說，我也深以為然。除了抵達終點 Santiago de Compostela 時的歡欣和不由自主的感動以外，所有逐漸清晰的感悟與餘韻，都是在行程結束以後。

不時有人問起：「你為什麼會想去朝聖之路？」在這條既孤寂又熱鬧的長路上，每個人都有一個啟程的原因，儘管他（她）不一定會與外人道。我的理由是，當有一天發現我只能在城市的建築夾縫中觀看夕陽時，我渴望置身於廣闊的天地，然後我得到了，一點也不含糊地痛快的得到。

如果說朝聖之路曾為我帶來什麼改變，那些疼痛與

汗水有回報的話，是讓我記起了大家都已熟知的至理：
「做自己，最自在。」

　　本書出版要感謝墨刻文化最優秀的團隊，聰慧溫柔
的總編輯 Momo，細心親切的美麗主編郡怡、熱情積
極的企劃部主任妙君和立心，還有一路關注我朝聖旅
程的美術大師慧文及可愛的玉玲。

　　從西班牙得到的愛太多，讓我也想給你們一個大大
的擁抱。

CASTILLA Y LEÓN

目　　　錄

Part I

出發之前，朝聖之路指南

Camino 沒有公式，
它是一條完全自由的路，
每個人可以依照自己的體力與時間來安排，
雖然沿途也會認識新旅伴、新朋友，
但歸根究柢，本質是我們與自己相處的過程。

Camino de Santiago

Segundo L. Pérez López
Deán de la S.A.M.I. Catedral de Santiago

01
朝聖之路基本資訊

不論從地球上哪個位置出發，凡是能抵達終點聖地牙哥德孔波斯特拉（Santiago de Compostela）的路線都統稱作「聖雅各之路」（英文 Way of St. James，西文 Camino de Santiago）。因為此地擁有耶穌十二門徒之一聖雅各（英文 St. James，西文 Santiago）的遺骨，與羅馬、耶路撒冷並稱天主教三大聖地。

聖雅各之路歷史淵源

相傳耶穌的表哥也是十二門徒之一聖雅各（St. James、Santiago）在43歲那年被希律王謀殺，成為第一位殉道者，他的兩個門徒千辛萬苦將聖雅各的遺體裝在一艘小船上，從耶路撒冷偷偷運到西班牙加利西亞（Galicia）境內安葬。後經戰事紛亂與歲月流逝，他的墓地所在逐漸被人遺忘。數百年後，直到公元9世紀，有一位隱士察覺到天空異象，循著流星墜落的方向而在一片森林中發現聖雅各的墓址，當時的教皇和國王阿方索二世（King Alfonso II）聽聞消息後，便前往發現遺體的地方進行聖葬，此後陸續有歐洲各地的信徒前來朝聖，當時一位法國邊境領主所走的路途即為後來法國之路（Camino Francés）的雛形。

發現墓地的地方以聖雅各（Santiago）命名，之後於原址蓋起大教堂（Catedral de Santiago de Compostela），由於最初尋獲遺體是受到星星的指引，在地名後加上 Compostela（一說源自拉丁文 Campus Stellae，意為 Field of the

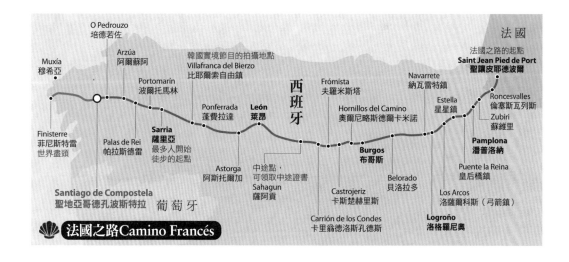

法國之路Camino Francés

O Pedrouzo 培德若佐
Arzúa 阿爾蘇阿
Portomarín 波爾托馬林
Villafranca del Bierzo 比耶爾索自由鎮 韓國實境節目的拍攝地點
Frómista 夫羅米斯塔
Navarrete 納瓦雷特鎮
法國
法國之路的起點
Saint Jean Pied de Port 聖讓皮耶德波爾

Muxía 穆希亞
Ponferrada 蓬費拉達
León 萊昂
西班牙
Hornillos del Camino 奧爾尼略斯德爾卡米諾
Estella 星星鎮
Roncesvalles 倫塞斯瓦列斯
Zubiri 蘇維里

Finisterre 菲尼斯特雷 世界盡頭
Sarria 薩里亞 最多人開始徒步的起點
Pamplona 潘普洛納

Santiago de Compostela 聖地亞哥德孔波斯特拉 葡萄牙
Palas de Rei 帕拉斯德雷
Astorga 阿斯托爾加
中途點，可領取中途證書
Sahagun 薩阿貢
Burgos 布哥斯
Puente la Reina 皇后橋鎮

Castrojeriz 卡斯楚赫里斯
Belorado 貝洛拉多
Los Arcos 洛薩爾科斯（弓箭鎮）

Carrión de los Condes 卡里翁德洛斯孔德斯
Logroño 洛格羅尼奧

Stars，也有說是緣自拉丁文 Compositum，意指墓地），全名成為 Santiago de Compostela（繁星原野聖地亞哥）。

12至13世紀是聖地亞哥朝聖的黃金時期，第一本朝聖指南也在12世紀出版，隨後幾百年在各種戰亂與飢荒的社會因素及宗教改革的時代背景下，朝聖人數有所下降；到了1884年，在進行一系列學術和醫學研究之後，教宗良十三世（Pope Leon XIII）發表了文獻，宣稱聖地亞哥教堂所存是屬於 St. James 的遺物，這被認為是現代朝聖發展的一個重要里程碑。

時間來到20世紀，人們預期汽車與飛機的交通發展會減少徒步或騎單車前往聖地亞哥的朝聖人數，而事實並非如此，實際上在近30年中，朝聖人數一直維持上升趨勢，尤其當教宗若望·保祿二世（Pope John Paul II）分別於1982及1989年參訪在聖地亞哥舉辦的世界青年日（World Youth Day）後，更鼓舞了眾多朝聖者。

如今的聖雅各之路，匯集了來自世界各地的旅人們，人數從1992年的九千多人，到2019年增長到三十多萬人；2020年後受到全球疫情影響，人數銳減，不過在2021與2022年

仍有超過17萬人前往朝聖，其中西班牙本國人占大多數。有超過一半的人選擇走歷史悠久的法國之路，朝聖理由除了約60%與宗教有關，另外還包括旅行、運動、健行等性質，宛如一個小型聯合國隊伍，每個人都帶著各自的故事與期許走在自己的朝聖之路上。

最具人氣的法國之路（Camino Francés）

起點 法國Saint Jean Pied de Port
終點 西班牙Santiago de Compostela大教堂
距離 779公里

分別於1993及1998年被列入聯合國教科文組織的世界文化遺產，世界上最美的步道。法國之路（The French Way、Camino Francés）是近年最受歡迎的朝聖路線，自法國邊境 Saint Jean Pied de Port（聖讓皮耶德波爾）啟程，翻過庇里牛斯山抵達西班牙邊境，第一天也是全程最艱難的一天。全長779公里，依體力不同徒步需要30至40天，沿途會走過無人曠野、鄉間小道、山谷森林，經過上百個大小城鎮與村莊，是所有朝聖之路中設施最完善的路線。每一天停留的地點會有庇護所、餐廳、雜貨店等，稍大一點的城鎮有超市、運動用品店、藥局與醫院等，提供朝聖者們所需要的住宿、食物與飲水等補給。路線依序橫跨西班牙北部四大自治區，包括 Navarra（納瓦拉）、La Rioja（拉里歐哈）、Castilla y Leon（卡斯提亞萊昂）與 Galicia（加利西亞），最後抵達 Galicia 的首府也就是所有朝聖者的目的地——Santiago de Compostela。

TIPS

Camino（音：卡米諾）在西班牙文中的意思是「路」，也是大家口中用來表達朝聖之路的簡稱。

其他朝聖路線選擇

除了最熱門的法國之路，另外還有幾條主要朝聖路線，每一條路線的距離與難度及景色都各有不同。

葡萄牙之路（Camino Portugués）

起點 葡萄牙Lisboa／Porto
終點 Santiago de Compostela
距離 100公里～300公里

- -

大部份人會選擇從 Lisboa（里斯本）或從 Porto（波多）出發，分為中央路線與海岸路線，沿途會經過許多鄉間小道，難度不高，是除了法國之路之外第二受歡迎的路線，去過的朝聖者形容為「清新小品」。

北方之路（Camino del Norte）

起點 西班牙Irún或San Sebastián／法國Hendaya
終點 Santiago de Compostela
距離 825至850公里

- -

共有三個起點選擇：西班牙境內 Irún（伊倫）或 San Sebastián（聖塞巴斯提安），也有人從鄰近的法國邊界小鎮

Hendaya（昂代伊）出發，是難度較高的路線，沿途有山路有海岸，景色絕美，但朝聖人數與庇護所較少，路上的孤獨與寧靜也成為吸引人的特色。

原始之路（Camino Primitivo）

起點 西班牙Oviedo
終點 Santiago de Compostela
距離 321公里

歷史上第一條朝聖古道，據傳在西元九世紀，當時的國王阿方索二世（King Alfonso II of Asturias 760-842）攜隨從一路跋涉來到聖雅各墓前，成為第一批朝聖者，因此這條路被稱作「原始」。起點自阿斯圖里亞斯自治區 Oviedo（奧維耶多）出發，路上的庇護所與朝聖者較少，難度較高，經過許多幽靜的丘陵與山道，之後銜接 Melide 城，與法國之路重疊。

英國之路（Camino Inglés）

起點 西班牙Ferrol / A Coruña
終點 Santiago de Compostela
距離 122公里

因中世紀許多英國人、蘇格蘭人來此朝聖而得名，從 Ferrol（費羅爾）開始走122公里，或者從 A Coruña 開始走75公里，沿途多為海岸景色與山中小徑。若自 A Coruña 開始走，因未滿100公里，無法領取官方朝聖證書。

銀之路／南方之路（Vía de la Plata）

起點 西班牙Sevilla
終點 Santiago de Compostela
距離 1,000公里

從西班牙南部古城 Sevilla（塞維亞）出發，一路向北，可以感受西班牙各地不同的風情與地域特色，經過羅馬時期遺址梅利達（Merida）等大城，後段銜接北部小城 Astorga

（阿斯托爾加），與法國之路重疊。

世界盡頭之路 (Camino Finisterre)
起點：Santiago de Compostela
終點：Finisterre
距離：89公里～118公里

- -

　　抵達終點站 Santiago de Compostela 後，大部份朝聖者也不會錯過 Finisterre（菲尼斯特雷），這裡是古時候人們以為的世界盡頭，現在也沿用此稱呼，可以選擇搭巴士，或者徒步約5天前往，完成後可再領取一張獨立證書 Finisterrana。鄰近 Finisterre 的另一個小鎮 Muxía（穆希亞）也很值得一訪，徒步需要1天。

朝聖之路官方證書 (La Compostela)

　　當抵達終點站 Santiago de Compostela，在主教堂附近的官方朝聖者辦公室，達到最低門檻「距離 Santiago de Compostela 徒步至少100公里以上」（或騎單車超過200公里）的朝聖者，可以憑著朝聖護照（La Credencial）免費領取朝聖證書（La Compostela），現場掃描 QR Code 並抽取號碼牌等候受理，領證時可選擇額外付費3歐元多領取一張寫上詳細公里數的證書。據說擁有朝聖證書的人，能

聖地亞哥朝聖者官方辦公室
Pilgrim's Reception Office
add Rua Carretas, no33 15705 Santiago de Compostela, Spain
tel +34 981 568 846
web oficinadelperegrino.com/en
time 每日10:00～18:00，每年聖誕節12月25日和元旦1月1日不開放，於這兩天抵達的朝聖者可在大教堂領取證書。

何謂聖年 (Holy Year)
　　發現聖雅各遺體的日期7月25日被視為聖日，7月25日為星期天的年份即是聖年，每隔6、5、6、11年會出現一次，上一次聖年是2010和2021年，由於受到疫情影響，官方特別延期將2022年也視為聖年，而再下一次則是2027年。每次聖年朝聖的人數會特別多，聖地亞哥主教堂的聖門（Holy Door），也只在聖年開放。

被赦免一半的罪，獲得終生幸福與健康的保佑，如果在聖年完成徒步，則可以赦免全部的罪。

此外，緊鄰辦公室旁即有遊客服務中心，不論想在古城觀光或者前往世界盡頭，都可到此諮詢、獲得幫助。

朝聖護照與蓋章（La Credencial）

如果準備拿朝聖證書，徒步前需要先買一本朝聖護照及每天蓋章，護照在 Saint Jean Pied de Port 的朝聖者辦公室可買，或在路上一些庇護所亦可購買，費用約2至3歐元。

每天在投宿的庇護所都可以蓋章，有些教堂及警察局、餐廳也能蓋章。前面路段一天蓋一章即可，但自 Sarria（薩里亞）之後，規定要每天蓋兩個章，最後到終點的官方辦公室就拿著朝聖護照證明你走過的路，才能拿到證書。

朝聖證書最低門檻

儘管每年有非常多人來走法國之路，但能夠一次全程走完的人數據估計僅有15%到20%，有的人會半途離開，有的人會分批完成，譬如今年走到某處，下次再回來接著走（已經走過的路段不需再走），憑著朝聖護照上的蓋章證明，到終點時一樣能拿到證書。

值得注意的是，朝聖證書的最低要求門檻是距離 Santiago de Compostela 徒步100公里以上，或騎單車

200公里以上，所以最多人選擇從 Sarria 開始走五天到 Santiago de Compostela，距離115公里，時間比較短，又剛好能夠達到拿證書的資格，可以說是朝聖之路的「入門款」。

建議日程

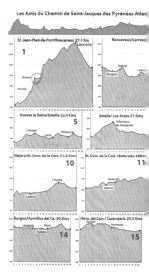

抵達 Saint Jean Pied de Port 的朝聖者辦公室，會拿到一份每日地形圖，官方建議路程為34天，平均每天徒步約23公里，但每個人可以根據自己的體力來做調整，更快或者更慢，不一定要完全照這個進度走。

路上曾遇過一個韓國男孩帶著媽媽同行，一天只走10公里，而他在前幾年年輕力壯時曾只用22天走完全程，平均一天走35公里。

對我來說，一天走20公里差不多就是體能極限，超過的路途就開始舉步維艱，所以需要40天會走得比較舒服，中間預留1至2天作為彈性休息日。

引領朝聖者的扇貝與黃箭頭

朝聖之路的象徵、以藍黃兩色印刷，在路上經常可見的官方識別標誌即為「扇貝」，雖然它是最具代表性的朝聖符號，但最初採用它的原因眾說紛紜，已無法考證。

有一說法是早在12世紀時，當朝聖者徒步抵達聖地亞哥後，才有資格領取一枚自加利西亞（Galicia）海邊撈獲的貝殼（而在其他地方貝殼禁止買賣），佩戴扇貝因此成為朝聖者去過聖地亞哥的唯一信物。

另一相傳版本是聖雅各遭到謀殺後，遺體船運到西班牙加利西亞時被暴風擊沉，當時海邊有場婚禮正在舉行，新郎見狀下去拯救卻也不幸沉入海底，當他再度浮出海面時，

身上覆蓋著保護他的扇貝，眾人相信這是來自聖雅各的保佑，扇貝因此被視為聖雅各的象徵。後來轉換成星芒圖案，成為朝聖之路的官方識別標誌。

除了扇貝圖案，還有很多黃色箭頭，在交叉路口、地面、石柱以及建築牆面等都會出現，是所有朝聖者心目中珍視的符號，因為看到黃箭頭，就代表方向正確。

而黃色箭頭的由來，要感謝出生於西班牙 Sarria 的 Don Elías Valiña Sampedro 牧師（1929-1989），他生前致力於研究朝聖之路歷史，也寫過相關博士論文和朝聖指南，上世紀八〇年代，他聽說有許多朝聖者在路上迷路，於是帶著一桶黃色油漆來到西班牙與法國邊境，在數百處容易迷路的地點畫上顯眼的黃箭頭。在他過世後，繼續由他的家人與志工們完成未竟的繪製工作，最終讓大量的黃色箭頭與扇貝一起成為朝聖路上的象徵圖案，引領每位朝聖者順利抵達終點。

如今在 Galicia 自治區的 O Cebreiro 教堂入口旁邊，有一座 Don Elias Valina Sampedro 牧師的紀念雕像，感謝他為人們所做出的貢獻。

02
前進朝聖之路

訂好機票,踏出家門那一刻,就是朝聖之路的開始。

如何前往法國之路起點 Saint Jean Pied de Port

從台灣出發,大部份人會選擇飛到巴黎再轉搭火車,或者從西班牙馬德里或巴塞隆納入境再轉車前往。

由法國巴黎入境
法國高鐵官網 www.sncf.com/en
OUIBUS官網 en.oui.sncf/en
Flixbus官網 global.flixbus.com

1.從戴高樂機場 CDG 第二航廈搭乘地鐵或 Le Bus 4號線到蒙帕納斯車站(Gare Montparnasse),車程約1小時。

2.在蒙帕納斯車站搭乘法國高鐵 TGV,購票至 Saint Jean Pied de Port,中間需在巴約訥火車站(Gare Bayonne)轉車一次。車程前段約4小時,後段約1小時。

總交通時間約6到7小時,價格約60到120歐元,在 SNCF 官網可查詢即時票價與車次,通常都是越早訂票越優惠,一般火車票在三個月前開放購買。

由西班牙入境

西班牙國鐵renfe www.renfe.com　**ALSA巴士官網** www.alsa.com

巴塞隆納Barcelona

1.從 Barcelona Sants 火車站搭火車到潘普洛納（Pamplona），車程約3小時40分鐘，價格約35至70歐元。

2.從潘普洛納 Estacion De Autobuses 搭 ALSA 巴士到 Saint Jean Pied de Port，車程約1小時45分鐘，價格約22歐元。

馬德里Madrid

1.從 Madrid Atocha 火車站搭火車到潘普洛納（Pamplona），車程約3小時05分鐘，價格約35至70歐元。

2.從潘普洛納 Estacion De Autobuses 搭 ALSA 巴士到 Saint Jean Pied de Port，車程約1小時45分鐘，價格約22歐元。

TIPS

Pamplona 到 Saint Jean Pied de Port 路線營運期間是每年3月至10月。詳細班次可至 ALSA 巴士官網查詢。

好用的交通網站和APP

善用以下網站和APP，能讓出行更方便。

rome2rio | www.rome2rio.com

查詢歐洲城市各種交通方式，結合住宿功能，非常方便，有網頁版和APP手機版。

Omio | www.omio.com

介面清楚，操作簡易，查詢時會同時出現火車、巴士與飛機三種方式與價格資訊，可設定語言、貨幣，有簡體中文版，並可直接透過 Omio 網站或手機 APP 購票，但每一筆交易需支付比例極少的手續費。

瑞安航空RyanAir | www.ryanair.com/gb/en

班次最多的廉價航空公司，在歐洲境內搭乘非常方便，需注意大件行李拖運要另外收費，此外必須在起飛前48小時

交通心得分享

　　在歐洲旅行，不論要到哪一個城市，只要善用 Omio 或 rome2rio 以及 Google 查詢，輸入想去的目的地，就會出現很多方案，火車、巴士或飛機，任君挑選，查好行程再經由 APP 或官網訂購，原則上都是提早預訂會比臨時買優惠，但是優惠票通常不能更改或取消，行程會被綁定，所以在有把握不會更改行程的情況下就下手購買。長距離移動我會推薦火車和飛機（因個人覺得巴士坐長時間很痛苦），短距離移動就可以選擇巴士，ALSA 或 Flixbus 車次很多，價格也不貴。

至2小時前自行在網上 check in, 並列印電子登機證（可請民宿或飯店櫃檯幫忙列印），若當天到機場臨櫃 check in 會被收取額外費用。

氣候特色與出發時機

　　法國之路全程位在平均海拔200到1400公尺之間，氣候較平地寒冷多變，山谷曠野寒風吹來，即使在6月天氣也像台灣的冬天寒流來那般。曾見過私立庇護所客廳，夜晚還開著火爐，但白天在許多路段，尤其無樹蔭遮蔽時，也會曬到頭暈。我經歷的6月氣溫從5°C到31°C，日夜溫差大，要同時防寒和防曬。

徒步旺季是5月到9月，其中7到8月為最擁擠時段，因為很多歐洲人放長假，且溫度最高可達40度，建議避開這個月份。夏季人多，庇護所容易客滿，可以在前一天或行走當天早上先預定。

冬季（11月後到隔年3月）是淡季，人少，能更自在享受孤獨，但氣候寒冷，第一天的庇里牛斯山會因風雪而封山，需改走其他替代道路，部份庇護所冬季不營業。

原則上春末夏初（4月至6月）與夏末初秋（8月至10月）最為適合，可能會遇到下雨，記得攜帶雨衣。

徒步裝備重點

長時間負重行走，每一公斤都會為身體帶來負擔，建議背包越輕越好，適合尺寸約30L至45L，原則上總重量不超過體重的10%，最多到15%。基本還是看個人體力而定，女生來說，我自己背了約7公斤重（未含水），已經是極限。男生或許可以控制在10公斤左右。

有許多人因為帶了太多想要的東西，最後在路上一件一件丟掉，這種例子也發生過很多。如果不小心帶了太多東西背不動，可以選擇把一部份行李郵寄到Santiago寄存，或者每天寄送背包。

徒步中最重要的物品

朝聖路上，最重要的三樣物品：厚底防水好走的鞋子、透氣乾爽的襪子、登山杖！其他小祕訣說明如下：

厚底鞋子

腳和膝蓋受傷是最多徒步者遇到的難題，所以鞋子真是非常重要，朝聖路上有很多碎石子路，厚底的鞋子比較耐得住磨損而不會直接刺痛到腳板。

厚襪子

再來是透氣乾爽的襪子，有點厚度比較好，有的人會穿兩雙襪子。建議每天早上出發前，先在腳上抹一層凡士林滋潤隔離，再穿上襪子。

鞋襪脫掉讓雙腳透氣

行進中每走一小時休息一下，把鞋襪脫掉，讓雙腳透氣呼吸，避免潮濕容易長水泡。

防寒與透氣衣物

所有衣物都選擇透氣易乾為主，夏天基本兩套換洗，厚外套和圍巾各一件，作為彈性防寒配備，護膝可以選擇帶一雙。如果冬天行走，那要帶的保暖衣物需要更多。

睡袋

大部份人都會帶睡袋，因為公立庇護所一般沒有附被子（有些私立庇護所會有），由於睡袋很佔空間，加上我是在夏季出發，所以我只帶了薄薄的內膽（Liner），再搭配大披肩當被子蓋。雖然偶爾會被冷到，不過我常住私立庇護所，大部份有毯子可以使用，還算能撐過去，如果你在天涼季節出發，又打算都住公立庇護所，那睡袋一定要帶。

如果啟程後才發現少帶了什麼，也不用擔心，沿途有很多城鎮商店可以隨時購買補充，想買什麼都有。

隨身腰包

可隨時綁在身上，置放貴重物品如護照、錢、信用卡、手機等。

夏季裝備清單

健行鞋或慢跑鞋1雙、室內涼鞋或拖鞋1雙、登山杖、太陽眼鏡、遮陽帽、雨衣、耳塞、眼罩、防曬乳，護唇膏、乳液、指甲剪、充電線及轉接頭、手機行動電源、快乾小浴巾1條、曬衣繩或小夾子、小罐盥洗用品（用完了路上再買）、襪子2雙、內衣

TIPS

由於登山杖只能托運不能帶上飛機，不一定要從台灣帶，可以到法國起點再買，一支價格約10歐元。

褲2套、長短袖上衣共2到3件、長褲2件、保暖外套1件、圍巾1條、睡袋或內膽1個、簡易藥品。

徒步之前必備

事先準備周全，可以讓徒步之旅更無後顧之憂。

手機網卡

有網路能幫助解決許多事，所以網卡非常重要，大部份地點收訊良好。可先在台灣購買全歐盟可用的網卡，到歐洲後才裝上新的 SIM 卡。或者等到當地後，在機場或火車站一般都有電信公司門市，可現場申請購買新卡。

申根保險

在歐洲萬一生病，單是門診費用就很可觀，建議一定要買保險，可買一般旅遊平安險或申根保險，後者的保障更高。記得帶上英文版保單，有一些歐洲海關會要求有申根保險才讓你入境，這種情況不常發生但有可能。

體力鍛鍊

為準備的更周全，可以事先多鍛練體力，加強心肺功能與肌耐力，到郊區步道試試負重行走，順便也能測試背包與鞋子的舒適度，以及重量是否能負荷。

朝聖預算與花費

如果只是朝聖行程，不包含到其他歐洲城市旅行，那麼最大的開銷會是從台灣到歐洲的往返機票，提早購買價格約是2萬到3萬台幣，以及一些裝備與保險費用。

在朝聖路上的花費可多可少，因人而異，如果都住庇護所，一天食宿費用平均約30歐元，晚餐自己煮還會再便宜一些。如果常住單人房或旅館，預算就要準備多一些，一個房間住宿費約30至50歐元。

另外也要準備一些額外預算比如添購裝備、衣物或購買紀念品，以及徒步前後的交通費用。

TIPS

在國外刷卡消費時，記得選擇「當地幣別」，匯率換算最有利。

許多城鎮的餐廳、BAR、商店、私立庇護所都能刷卡，只有一些公立庇護所或小雜貨店才只收取現金，建議帶一部份現金＋信用卡即可，再加一張可以跨國提款的金融卡備用，如有需要可在大城市的 ATM 提領現金。

語言能力準備

在西班牙總共旅行40天後，讓我明白英文雖然是世界通用語言，但在西班牙並不通用。

朝聖路上，各國朝聖者之間約80%可以用英文溝通，但西班牙本地人講英文的比例不高，只有在官方辦公室及一些庇護所（不是全部）接待人員會說英文；在大城市馬德里、巴塞隆納的飯店或 Hostel 工作人員也會說英文。

雖然有語言障礙，有些時候頗感挫折，但幸好西班牙人大多很友善，用比手劃腳加 Google 翻譯能幫助解決一些困難。

TIPS

幾個基本常用的西文單字

Hola 你好

Buen Camino（祝你）一路平安順利

Gracias 謝謝

Muchas Gracias 非常感謝

Adiós 再見

De nada 不客氣

Autobús 公車

Farmacia 藥局

有的人問：「我外文不好，也可以獨自去朝聖嗎？」

原則上可以憑單字+肢體語言溝通，應該沒什麼大問題。但建議會一些基礎英文更好，比如問候語、問路語、訂住宿這些日常會用到的詞彙。語言是重要交流媒介，能讓你的旅途更順暢，也可以帶來很多樂趣。

另外，不妨準備些「體積小和體重輕」的小禮物，比如台灣明信片，在適當的時機送給外國朋友，他們收到時通常會很開心，既能讓別人認識台灣，也可以增進友誼。

好用APP推薦

Buen Camino（IOS）
Camino Pilgrim-Frances（Andriod）
朝聖專用 APP，有路線的基本資訊與住宿清單，可結合使用。

Omio
查詢歐洲境內城市之間各種交通方式。

Whats App
在西班牙或歐洲其他地方，使用 Whats App 的人比例比較高。

Google Map
旅行必備良伴，有了它再也不用擔心迷路，旅行期間每一天都會用到它，對研發人員充滿無限感激。

Google翻譯
朝聖路上大部份講英語可以通，但西班牙非英語系國家，遇到障礙時可善用翻譯軟體，能帶來很多樂趣。適用於問路及簡短溝通。

Booking.com
預定飯店、私立庇護所、民宿等等，方便又好用，可刷卡付住宿費。

SkyScanner
查詢國際長途機票資訊與比價

03

朝聖路上的行進與食宿

出發前先大略知道概況與注意事項，行進途中再依個人需求而隨機應變。

住進庇護所Albergue

Albergue 是西班牙文 Hostel 的意思，也就是青旅。中古世紀的朝聖者們，大多住在沿途經過的教堂、修道院或居民家中，現在也有很多由老教堂或修道院改建的庇護所，當然設施和條件要比遠古時代好的多。不過住在上下舖格局的庇護所，舒適度絕不能有住飯店般的期待。

法國之路發展至今，沿途有完善的生活機能可以滿足需求，除了公立庇護所外，亦延伸了許多私立庇護所，既有混合宿舍，也有單人房、雙人房等，讓疲累的朝聖者們有更多選擇。

庇護所的種類

抵達起點 Saint Jean Pied de Port 的朝聖者辦公室報到時，工作人員會給你一份完整的庇護所清單，上面有各個村莊城鎮之間的距離公里數，以及每個地方的住宿資訊，沿途庇護所共有三種型態。

I. Municipal Albergue公立庇護所

當看到「Municipal」這個字就代表它是公立的，只限朝聖者入住，通常在清單選項的第一欄。公立庇護所價格較便

03 朝聖路上的行進與食宿

床位數量

公里數

LES REFUGES et ALBERGES SUR LE CAMINO FRANC
Edition 20/05/2019 AMIS DU CHEMIN DE SAINT-JACQUES / PYR-ATLANTIQUES

km	ville 城鎮名	Refuges - Alberges - 庇護所名稱	☎ 電話	🔄 lits	pér d'ouv
	Valcarlos	Auberge muncipale	696 231 809	24	1/01-
25	Roncevaux	Collégiale	948 760 000	183	1/01-
4,7	à 2kmde Burguette	Camping albergue Urrobi	948 760 200	38	ramea
6,4	Espinal	R.P. Haizea	948 760 379	12	tte a
		RP Irugoienea	649 412 487	21	avril-
		Ref. municipal	628 324 186	44	1/03
		RP El palo de Avellano	666 499 175	60	1/03
15,3	Zubiri	Albergue Suseia	948 304 353	22	1/01-
		R.P. Zaldiko	609 736 420	24	1/03
		RP Rio Arga ibaïa	680 104 471	12	
		Albergue Secunda etapa	697 186 560	12	Mars -
4	Urdaniz	Alb. Aca y Alla	615 257 666	10	1/01
1km d'Urdanitz- Ilarratz		Albergue Ezpeleku	609 415 741	6	1/ 4-
		Ref. municipal	626 718 417	36	1/01
1,3	Larrasoaña	RP Bide Ederra	948 304 692	8	1/01
		Albergue Asteia	616 702 049	12	1/02
		Albergue San Nicolas	619 559 225	40	01/0
3,7	Zuriain	RP La parada de zuriain	699 556 741	7	1/03
3	Zabaldica	Albergue paroquial	948 330 918	18	15/04
3,8	Trinidad de Arre	Refuge Frères Maristes	948 332 941	34	1/01

宜,床位較多,缺點是不能預定,先到的人先住,住滿為止。

住宿費用約6歐元至12歐元,不含餐。少數可付費加購餐點,或者自行到超市購買食材,一般庇護所均有提供簡易廚房可使用。

大部份公立庇護所開門時間在下午2點,晚上10點熄燈就寢,早上8點前必須離開,不可續住。

要特別注意的是,許多公立庇護所冬季不營業,每年3月後才開放。

2. Donativo Albergue自由捐獻庇護所

顧名思義,住宿費用和早晚餐都採取自由樂捐制,朝聖者們能享受到的食物都是由前人捐獻所得,所以記得一定要捐獻,才能長久營運下去。這類庇護所沿途數量並不多,也是先到先住,不能預約。

開放期間	價格	Y表示有廚房 M只有微波爐				餐廳 Y表示附近有→	雜貨店	ATM

ANCÉS

IQUES - 39 Rue de la citadelle - 64220 St Jean Pied de Port -www.compostelle.fr

période d'ouverture	Tarif lit dortoir	cuisine libre	chauffage	vélo accepté	observations	🍽	épicerie	DAB / ATM
1/01-31/12	10 €	y	y	y	le teph. celui du responsable		y	y
1/01-31/12	12 €	y				y		y
rameaux-1nov	12 €		y		bungalows	y	y	
tte année	12 €		y	y	Bar restau.+chambres	y	y	
avril-31/12	12 €		y	y	chambres	y	y	
1/03-31/11	8 €	M	y	y				y
1/03-31/11	16+pdj		y	y	Dortoir:Chambres	y	y	y
1/01-31/12	15€+pdj	y	y			y	y	y
1/03-31/10	10 €	M	y	y	Résa. possible	y	y	y
	10 €	y	y	y	Chambres	y	y	y
Mars - Octobre	12 €	M	y	y	含早餐 pt.dej.=3€			
1/01 -31/12	15 €	y	y	y	hors chemin 300m	y	y	
1/ 4-15/10	15 €		y	y	vient chercher pélerins			
1/01-31/12	8 €	yM		y				
1/01-31:12	16€+pdj	y	y	y	+chambres			
1/02-30/11	16€+ptdj		y			y		
01/03-2/11	12 €		y	y		y	y	
1/03-30/10	9 €		y			y	y	
15/04_15/10			y	y	DONATIVO	y		
1/01-31/12	8 €	y	y	y		y	y	y

自由捐獻

3. Private Albergue私立庇護所

　　我在沿途住的最多就是私立庇護所，整體設施會比公立庇護所稍好一點，比如有些床位有拉簾，兼具隱私，也有可能房間人數比較少，浴室比較乾淨等。

　　住宿費用約10到20歐元，有些含早餐。

　　優點是可透過電話預定，或者部份有連結到 Booking.com 頁面，可直接經由 Booking.com 預定，住宿費用可刷卡，可以續住，非朝聖者的一般旅客也能入住。

挑選住宿的三大工具

　　預定與挑選住宿的三大工具是：庇護所清單＋Buen Camino APP＋Google Map。

Buen Camino

Google Maps

　　自朝聖者辦公室領取的清單上只有文字資料，沒有照

片，無法事先知道庇護所長什麼樣子，所以可結合 Buen Camino App 來看外觀照片。而假如能連結到 Booking.com 頁面的私立庇護所，則可以看到更多照片，同時也能把庇護所名字輸入到 Google Map 來了解大概地理位置，我在後期大部份都是用這種方式來選擇住宿。

先訂住宿的好處是，你不用擔心走到某個城鎮時會沒地方住，缺點是既然訂了就必須確定你的步程可以走到這個地方，否則預訂的費用就浪費了。

我在前期大多沒有預定，走到某個城鎮時再去尋找公立庇護所，或是路邊看到私立庇護所，直接走進去詢問有沒有床位，現場瀏覽一下環境，如果覺得不錯就住下來。不過我也曾遇過想住的庇護所客滿了，只好到附近另一間庇護所去住的情況。

大部份朝聖者的每日行程，抵達時間會在下午1點到4點之間，依照季節與朝聖人數不同，公立庇護所客滿的時間也不一定，越早到入住的機率越高，如果晚到了就去住私立庇護所，不過建議最晚不要超過傍晚6點。

尋找庇護所過程也很有冒險的樂趣，隨緣一點無妨，說不定能住到非常滿意的好地方，前提是還有體力可以尋找，當你已經累得奄奄一息時，會希望當晚的住宿是已經預定好的。總的來說庇護所差別不至於太大，只是一些舒適度的不同。

入住庇護所注意事項

＊進入庇護所寢室前需先脫下登山鞋，換上
　輕便拖鞋，登山杖也會放在指定地方。

＊基於衛生考量，也為了預防床蟲，背包一律
　不可放在床上。

＊貴重物品請務必隨身攜帶，比如護照、錢、
　信用卡，不論去洗澡或睡覺，都要24小時
　不離身，以防遺失或被竊。

＊晚上太晚就寢或早起打包行李，盡量不要
　吵到別人。

＊一定要自備耳塞，否則打鼾聲會讓你輾轉
　難眠。

＊大部份公立庇護所與自由捐獻庇護所不代
　收行李。

庇護所設施與日常

　　不論公立或私立，大部份在入住 check in 時，會提供你
一組免洗式薄薄的床罩和枕頭套，把它鋪在床位上，再躺
進自己的睡袋裡，第二天離開時把免洗式的床罩取下來丟
棄到垃圾桶。如果是某些有每天換洗乾淨床單和被子的私
立庇護所，則不會有這種拋棄式床罩組。

　　一般庇護所格局：廚房、用餐空間、公共休息空間、廁所
浴室、投幣式洗衣機與烘衣機、曬衣空間，提供免費 wifi。

　　每天在抵達庇護所報到後，朝聖者們通常會開始洗澡，
接著洗衣服（手洗或使用投幣式洗衣機，費用約2歐元到4
歐元），然後休息聊天或出去逛逛或準備吃晚餐，晚上10點
前就寢。隔日出發時間大多在早上6點至7點，少部份人4點
到5點摸黑啟程，也有人7點到8點間出發（我）。

朝聖路上吃什麼

　　在法國之路上，只要有人煙的村落或小鎮都有密集的餐
廳或BAR，大多是當地西班牙料理，吃的最多是海鮮燉飯、
義大利麵、牛排、披薩…等，還有我非常喜歡的 Spanish
Omelette（西班牙蛋餅），第一次看外觀以為是蛋糕，實際
上裡面有雞蛋、火腿、馬鈴薯或蘑菇等配料，當作點心吃份
量也剛好，幾乎每一家餐館都有供應，一份價格約2到3歐

元。後期還吃到朝聖路上非常有名的章魚料理，無比美味，一份價格約9至14歐元。

一日的三餐

早餐通常在庇護所或附近的餐廳、BAR解決，菜單有三明治、烤吐司、雞蛋培根等，飲料有咖啡、果汁，價格約2至4歐元，或是前一晚自行到超市購買，比如麵包或水果。

午餐多是自備乾糧，或在行進中經過的村莊餐館休息吃飯。

晚餐是外出用餐或到超市購買自煮（要留意西班牙超市星期天一律不營業）。很

多餐廳或庇護所都有提供朝聖者套餐（Pilgrim's Menu），包含麵包、前菜、主菜、飲料和甜點，價格約10到14歐元，主菜大多是肉類料理或魚類或義大利麵。雖說是「朝聖者套餐」，但任何人都可以點，不一定只限朝聖者食用。

如果吃膩了西班牙食物或者想省錢的人，自煮也是非常棒的選擇，西班牙超市裡的食材非常便宜，且什麼都有，但可惜我不會煮，只會用微波爐，微波食物不太好吃。在庇護所廚房裡經常看到韓國朝聖者在煮晚餐，香味誘人。

飲水

徒步過程非常重要的飲水，因西班牙的自來水可以直接喝，所以非常方便，一路可以補充，不需要一開始就背太重的水，可以自備一個約750CC到1000CC的寶特瓶或水壺，出發時裝滿，沿途經過小鎮店家，再自己找水龍頭或請老闆幫忙裝水，他們大多很樂意，舉手之勞但要記得道謝。

也有一些路段距離很遠都沒有人煙或店家，這時可以尋找公共飲水的水龍頭，設置給朝聖者使用，注意旁邊有標誌「Aqua portable」才是可以飲用的水喔。

背包與行李寄送

假設有朝聖路上用不到的行李要寄走,可以在起點的 Saint Jean Pied de Port 郵局或快遞公司,直接寄到終點站 Santiago de Compostela,可選擇存放天數最多75天,單件限重15至25公斤,費用約20至70歐元。

行進中的背包寄送

在每間庇護所,大多有合作的托運公司,能夠把15公斤以內的背包,寄到距離40公里內的下一站指定的住宿處,寄一次費用約5歐元(超出的距離需另收費用),Sarria 之後寄送一次費用3歐元。

前一晚先和庇護所櫃檯人員確認有無寄送服務,然後拿一個托運公司的信封袋,在外面寫上要寄達的住宿地點和名稱(私立庇護所或 HOTEL 都可以,但有些公立庇護所不代收行李,填寫前需

先確認一下),然後把費用5歐元或3歐元現金放進信封袋裡,再將信封袋上的繩子綁在背包外側,放在指定位置,寫好的托運單記得拍照留存,以備萬一需要查找。每天上午托運公司的人會來統一收取,當你下午走到新的住宿處,就會發現你的背包已經在那裡等著了。

TIPS

寄送背包是一項非常現代且有幫助的服務,可以減輕身體負擔,不過也有人說,這樣就不是真正的 Camino。所以要不要寄送就看個人選擇,但是少了背包確實會讓行走輕鬆很多。

野外上廁所須知

徒步過程很不方便的一點是上廁所,尤其對女生來說,雖然沿途有許多城鎮,但也有一些路段很長距離都是荒郊野外,忍無可忍時只好想辦法野外解決,不論男女,都要記得遠離水源區,以免下雨沖刷到河川,若是大事,記得挖一個洞穴掩埋,衛生紙裝入密封夾鏈袋帶到下一個村莊垃圾

筒丟棄。女生在白天行走時，建議除了水盡量不要喝可樂或茶，因為那些飲料利尿，會讓你更需要廁所。

　　假如碰到生理期，通常2至3小時內會經過村莊或餐廳，有廁所可以使用，如果不巧在幾個連續10公里都沒有人煙的路段，只好隨機應變野外解決。建議帶幾個輕薄的密封夾鏈袋，把衛生棉和衛生紙裝進去，帶到有垃圾筒的地方丟棄。另外但凡有經過村莊，一定要珍惜機會上完廁所再走。

朝聖路上的巴士與火車

　　朝聖途中，若因腳痛或其他因素需要搭車，在中大型城鎮交通比較方便，比如 Pampolona、Puente la Reina、Estella、Logroño、Burgos、León、Sarria 等，城與城之間都有巴士或火車可搭，但若在很小的村莊不一定有巴士經過，也有可能一天只有一班車或兩班車，可事先詢問庇護所工作人員，也可以自己用 Google Map 查詢。有些庇護所牆上也會張貼部份路段的公車資訊，為了保險起見，我通常會跟庇護所人員做確認。交通票價依距離不同約2至15歐元不等。據說也有一些朝聖者途中會搭計程車，想必費用較為高昂。

FAQ

生病或受傷怎麼辦？

　　以防萬一，可以從台灣帶一些簡單的藥品，比如感冒藥、腸胃藥、萬金油。如果路上遇到膝蓋受傷、床蟲咬傷或是長水泡、肌肉拉傷等，可以求助當地藥局（西文：Farmacia），裡面的藥劑師都很有經驗，會建議你需要買什麼以及怎麼

處理。

如果不巧在荒山野外受傷而又無法撐到下一個村莊，那麼可以求助路過的其他朝聖者，或者撥打西班牙緊急救援電話112、救護車電話061。不過法國之路除了第一天翻越庇里牛斯山比較難走之外，其他路況還算平坦，只要自己多留意，發生意外的機率很低，不必太擔心。

沒有長假期怎麼辦？

一次要走全程779公里不論是時間或體力都是大挑戰，所以 Camino 也可以分段完成，比如第一次走到A地點，下次再回到A地點接著走，已經走過的路途不需再走，且不限時間完成，如果要拿證書的人，記得每一次都要攜帶朝聖護照沿途蓋章作為標記（不拿證書則無所謂），以自己的假期天數來選擇出發地：

從 Sarria 出發，徒步天數5天。

從 Léon 出發，徒步天數13天。

從 Burgos 出發，徒步天數20天。

從 Pamplona 出發，徒步天數約29天。

從 Saint Jean Pied de Port 出發，徒步天數約34天。

一個人走安全嗎？

法國之路沿途設施完善，雖然在荒涼路段，前後無人時，我也曾有幾個忐忑的瞬間，但只要留心箭頭標誌不要走錯路，原則上沒有問題，不用太擔心。

TIPS

若想完整體驗法國之路上的種種，最好是從 Saint Jean Pied de Port 出發；自 Sarria（薩里亞）之後，可以感受到激增的朝聖人潮，因為這裡是希望獲得朝聖證書的徒步者們的起點，共五天路程，距離 Santiago de Compostela 115公里（符合證書要求的徒步最低門檻100公里），沿途有數量較多的小村莊與城鎮，不如前面路段的遼闊荒涼，假如以 Sarria 作為分界點，前後是兩種略微不同的氛圍。

在路上獨行的人比例非常高，也有夫妻、情侶、親子或朋友團體同行。若是單身女子，建議避免深夜在外逗留或清晨天未亮時就出發，因為黑暗中容易迷路，等天亮再走比較安全。另外也不要隨便坐上陌生人的車，雖然世界上大部份都是好人，但不要冒險。貴重物品24小時隨身攜帶。只要自己多留意，總的來說不會有安全問題。

沒有國外徒步經驗，不是運動健將也可以走嗎？

只要帶上一些勇氣和挑戰自我的決心，任何人都可以走朝聖之路。

我在途中遇過最小的朝聖者只有三歲，由他的父親帶著，坐在類似拖車的設備上行進；也有很多超過70歲的阿伯和阿姨們在徒步或騎單車。準備一雙好走的健行鞋子，事先了解一下路程概況，就可以勇敢出發。

徒步新手注意事項

完整閱讀本書後應該會對朝聖之路有一定程度的了解，事先準備周全，比如保險一定要買，信用卡和錢要帶夠，國外電話等聯絡方式告訴家人。

除了第一天的庇里牛斯山之外，法國之路的路況不會太崎嶇，比在台灣登百岳容易，唯一的困難是距離遙遠。

假如擔心體力不足，除了出發前可多做訓練，行進途中也可以調整距離，或者準備多一些預算住沿途城鎮的飯店或民宿單人房，有良好的休息環境可以修復疲勞。

另外，萬一覺得身體無法負荷，可以搭巴士或火車跳過一些路段，倘若到半途不想走了也能夠隨時離開。朝聖之路是自由的，盡力而為不留遺憾就好。

04
第一天抵達
Saint Jean Pied de Port準備事項

　　第一天抵達 Saint Jean Pied de Port 的時候，首先要去朝聖者辦公室（Pilgrims office）報到登記，距離火車站步行約10到15分鐘，也是鎮上的主要街道，旁邊有各類商店與餐廳，可以購買紀念品與登山杖等徒步裝備。

　　每一位抵達辦公室的朝聖者都會登記國籍、徒步原因、徒步方式，另外可支付2歐元購買一本朝聖護照，並於此處蓋上第一個章。

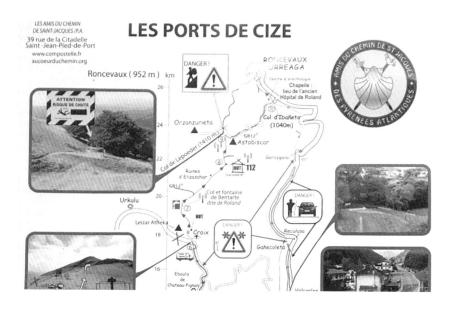

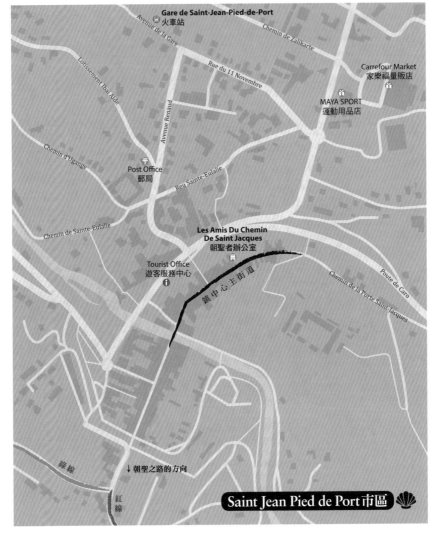

朝聖者辦公室Les Amis Du Chemin De Saint Jacques

add 39 Rue de la Citadelle, 64220 Saint Jean Pied de Port, France

tel +33 5 59 37 05 09

time 週一至週日07:30~12:00、13:30~20:00、21:30~22:30

郵局Post Office

沿途西班牙郵局也為朝聖者提供許多寄件服務，可加以利用。

add Rue de la Poste, 64220 Saint Jean Pied de Port

time 週一至週五09:00~12:00、13:30~16:30；週六09:00~12:00

web www.laposte.fr

驢子快遞Express Bourricot

add 31 Rue de la Citadelle, 64220 Saint Jean Pied de Port, France **tel** +33 6 61 96 04 76

web www.expressbourricot.com

time 每年3月15日至10月25日，每日07:00~10:00、16:00~20:00。

遊客中心Office de Tourisme

為一般遊客服務，提供在地旅遊資訊等，也有販售另一款黑色封面的朝聖者護照，一本價格3歐元。

add 14 Place Charles de Gaulle, 64220 Saint Jean Pied de Port

time 週一至週六09:00~12:30、14:00~18:00。週日公休。

　　志工人員會給你一份詳細的庇護所清單與地形圖，以及一張簡易庇里牛斯山（Pyrenees）路線圖，提醒你隔天翻山需要注意的事項。全程大約15分鐘，離開時可以樂捐形式領取一個象徵的貝殼掛在背包上。

　　當地住宿有庇護所、民宿與旅館等選擇，第一晚可住在朝聖者辦公室附近，透過 Booking.com 預定，輸入定點「Les Amis Du Chemin De Saint Jacques」來查詢鄰近的住宿選擇。

　　沒有預定的人，到辦公室報到之後再沿街尋找，持朝聖護照入住可享朝聖者優惠。一般如果不是大旺季，庇護所當天還能有床位，但如果不想臨時才匆忙找住宿，建議出發前先預定好。

　　如果需要寄送行李，可以到朝聖者辦公室旁的驢子快遞（Express Bourricot），或到距離辦公室五分鐘步程的郵局，依需求不同收費也不同，大件行李可寄至 Santiago de Compostela 寄存，單件限重15到25公斤，可選擇存放天數15天至75天，費用約20至70歐元。

　　另外，距離主街道700公尺左右有量販店家樂福與運動用品店，有不足的裝備都可以在這裡採購。

註：西班牙文「Buen Camino」(音似：布恩卡米諾)，朝聖路上最常說的祝福語，
　　祝你一路平安、順利的意思。

Omnes dies et noctes quasi sub una
ollempnitate continuato gaudio ad Domini
t apostoli decus ibi excoluntur. Valve
usdem basilice minime clauduntur die

BUEN CAMINO, 啟程出發

e et Metropolitanae Ecclesiae
visitationis chartam legentibus

曾有人問：
你這趟旅程想尋找我什麼？
我說只是想接觸多一點地球版圖，
因為直到走過更多地方，見過更多事物，
你不能說你了解這個世界。

i Sepulcrum

Metropolitanum omo gaudio
ficio aritatis um precatur
tercessionem ei rere dignetur
rporis, sed etiam nmateriales

nsis unii   anno Dni 2019

Camino de Santiago

Segundo L. Pérez López
Deán de la S.A.M.I. Catedral de Santiago

01

Saint Jean Pied de Port
法國邊境古城，朝聖模式啟動

抵 達南法小鎮 Saint Jean Pied de Port（聖讓皮耶德波爾），迎面而來濃濃的朝聖氛圍，身旁走著許多背著背包的朝聖者，氣氛與心境一下子轉到「徒步模式」，各人在平靜或羞澀的面容中，應該或多或少都藏著既期待又怕受傷害的心情。

作為法國之路的起點，每年約有4萬名
朝聖者會湧入這座迷你邊境古城。

結合歷史文化與優美景色的小鎮，街道兩旁多為紅瓦白牆的建築風格。

Saint Jean Pied de Port 位於庇里牛斯山（Pyrénées）山腳和 La Nive de Béhérobie 河畔，是一座結合歷史文化與優美景色的中世紀古城，街道兩旁多是紅瓦白牆的建築風格，面積2.73平方公里，人口約2000人。

每年約有4萬名決心挑戰 Camino Francés 全程的朝聖者會來到這裡，導致在熱門季節，走在街上的朝聖者可能比當地人還多，2010年描述朝聖之路的電影《The Way》上映後，更為它增加了知名度。

作為徒步的起點，鎮上除了有官方朝聖者辦公室（Pilgrims office），也有各類運動用品店、郵局、量販店與庇護所等，從各方面準備好迎接世界各地湧入的旅人。

我原本希望預留半天的時間在城中逛逛，但因為旅程安排，自馬賽（Marseille）轉了二趟火車，足足坐了9小時後才在微雨的傍晚抵達。從火車站出來，人們很自然地跟著前面的人潮走，我心想萬一第一位不是要去朝聖者辦公室，那大家不是一起走錯路嗎？於是打開 Google Map，自己導覽自己，幸好朝聖者辦公室並不遠，大約步行10至15分鐘就到，雖然已近晚上八點休息時間，但門口還有人排著隊，我立刻加入人群行列。

接待我的是一位上了年紀的志工阿姨，引導我簡單填寫國籍、姓名與徒步原因，然後支付2歐元申請一本朝聖護照，同時附上的還有一份詳細的庇護所清單與每日地形圖，以及一張簡易庇里牛斯山路線圖（就是我們隔天要從法國翻越到西班牙境內的路線）。

　　志工阿姨指著地圖提醒注意事項，囑咐我們如果天氣不好不要走紅色路線，要走綠色路線。結果隔天大多數人都在天氣不好的情況下，有意或無意地糊里糊塗選擇了紅色路線，讓大家吃足苦頭。

　　報到完心情愉悅，步履歡快地走去預訂好的庇護所（Albergue，青年旅館），能說一口流利英語的法國老闆很熱情歡迎我，引領我到二樓：「這邊是洗手間，那邊是浴室，樓下還有一間浴室…」老闆一邊行進一邊介紹，再往裡走幾步就是大家睡覺的房間，我一路暗暗心驚，原來庇護所長這樣啊！對於此前從沒有住過青年旅館的我來說，庇護所經驗也是相當新奇和受考驗的過程。

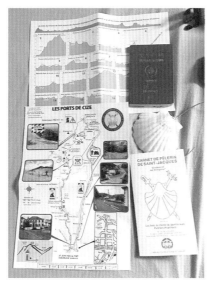

即將展開徒步之旅，隨身攜帶的重要物品包括朝聖護照與地形圖等。

朝聖者官方辦公室，在熱門季節門口總有排隊登記的人潮。

後來住了二十幾天，發現每間庇護所的規模與設備都不盡相同，有的稍微舒適、動線更方便，有的不然，通常私立庇護所品質會比公立庇護所好一點，當然價格也會貴一些。而如果有充裕的預算，可以選擇單人房、雙人房、民宿，甚至大城市也有高級飯店可以好好享受，在疲累的徒步過程中，住宿品質對於體力恢復相當重要。

這一晚我住的男女混合宿舍房間非常大，也代表床位很多，同住的人約有30位，左右與上舖都住著來自不同國家的朝聖者，第一次體驗有陌生男子就睡在你隔壁床，近在咫尺與你四目相對，那種感覺讓人訝異也有趣。

🐚朝聖者辦公室 Les Amis Du Chemin De Saint Jacques

add 39 Rue de la Citadelle, 64220 Saint Jean Pied de Port
tel +33 5 59 37 05 09
t i m e 週一至週日7:30~12:00、13:30~20:00、21:30~22:30

🐚Saint Jean Pied de Port 庇護所推薦

Gite BIDEAN

位在朝聖者辦公室旁，步行3分鐘，員工友善。缺點是通舖房間太大，比較吵雜，還有夜裡不能避免的鼾聲。
add 11 Rue d'Espagne, 64220 Saint Jean Pied de Port, France
tel +33 6 48 98 05 22
price 17€，可選購晚餐約12～14€。

Gite de la Porte Saint Jacques

鄰近朝聖者辦公室，一棟老房子新修，空間乾淨，員工友善，早餐豐盛。
add 51 rue de la citadelle, 64220 Saint Jean Pied de Port, France
tel +33 6 30 99 75 61
price 24€含早餐
open 全年

細雨中的小鎮顯得寧靜純樸，也是電影《The Way》的取景地。

Gite Makila

鄰近朝聖者辦公室，環境寬敞優美，員工親切，床位有獨立拉簾與專屬插頭。
add 35 Rue de la Citadelle, Saint Jean Pied de Port, France
tel +33 6 63 10 13 46
price 25€含早餐。

庇護所內提供的晚餐，賣相普通但很美味。

隔天一早循著標誌在陰雨中出發。

各人在有限的空間中忙著整裝，拿出盥洗用品，洗手檯、廁所與浴室是在三個不同地方，「沒有什麼是不能克服的，我們不是來享樂的。」我對自己這樣說。沒想到已做好充份心理準備的我仍有百密一疏的時刻，那就是夜裡驚人的打鼾聲，此起彼伏。後來發現不僅男人打鼾，女人也會，當她們就睡在你鄰近床位時，會令人抓狂想捶牆，這是後話。

當晚安頓好天色已黑，一天奔波後也無力再去外面逛逛，就選擇在庇護所內晚餐，熱騰騰的蔬菜湯與美味雞肉飯，大大滿足了我已被掏空的胃。而喜愛喝酒的人，在法國與西班牙絕對不能錯過的紅酒，晚餐時淺酌一小杯，非常剛好。鄰座是一對來自德國的年輕情侶，我們聊天並分享資訊，度過非常愉快的時光。隔天在暴風雨中的庇里牛斯山再次重逢，那是說起來要流淚的、整趟行程最艱苦的一天。

02

Roncesvalles

暴風雨中的庇里牛斯山，
每一步行進都是為了活下來

庇里牛斯山（Pyrénées）是法國之路上著名的第一天難關，海拔高度從200公尺上升到1400公尺，再經過驚人陡坡下降到950公尺的 Roncesvalles，山中氣候多變，如果晴天行走，只是累而已，但在暴風雨中行走，那是生存之戰。

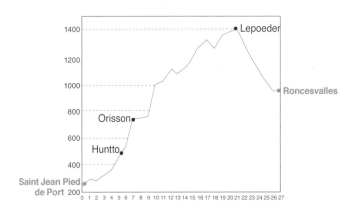

城鎮 Saint Jean Pied de Port（聖讓皮耶德波爾）
　　　→Roncesvalles（倫塞斯瓦列斯）

距離 27公里
海拔 200公尺～1400公尺
移動 徒步
時間 9.5小時

山頂曠野霧茫茫一片，目光所及前後只有孤單一人，
當下真是懷疑自己：
「我是誰？我在哪？我為什麼會在這裡？」

對於經常爬山或健行的人來說，一千多公尺的海拔高度聽起來不具危險性，尤其當我前兩年走過尼泊爾聖母峰基地營（Everest Base Camp），穿越五千多公尺高海拔還能保有良好血氧濃度之後，我就是這麼低估了庇里牛斯山。

當看到電影《The Way》中描述一位青年朝聖者不幸在山上遇難的情節，還很納悶，為什麼會發生這種事？事實證明當氣候溫和時，它或許很友善，但若遇到暴雨或風雪，庇里牛斯山會讓你欲哭無淚，並且真切地察覺到生命的威脅，切莫輕忽。

一早7點30分自庇護所離開，帶著一份可愛店員為我準備的3.5歐元的三明治，作為行進乾糧，因為沿途除了一間位於十公里處的庇護所之外再沒有用餐的可能。

儘管前一晚我們對著辦公室提供的那張山形路線圖討論，究竟要走較困難的紅色路線還是走較容易的綠色路線？結果不顧工作人員的忠言，幾乎所有人都在天氣不好的前提下還走了紅色路線，讓自己吃足苦頭，卻也無處可訴。

庇里牛斯山是法國之路著名的第一天難關，有著漫漫長路和美麗景色。

約莫走了10公里後望見 Refuge Orisson 庇護所，是每個人都渴望停留的
場所。

雲霧繚繞的山谷景色，有一種不沾人間煙火的氣息。

庇里牛斯山庇護所

(Refuge Orisson)

山中唯一的庇護所，在此住一晚隔天再走，路程
不會那麼累，還可以欣賞日落和日出。需先預定。

add Orisson, 64220 Uhart-Cize, France
tel +33 5 59 49 13 03
price 38€含早餐和晚餐
open 4月至10月
web refuge-orisson.com

山中唯一的庇護所，可以在此短暫休息用餐或預先訂住宿。

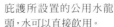
庇護所設置的公用水龍
頭,水可以直接飲用。

接近山頂處巨風豪雨襲來,真切察覺到生命的威脅。

　　前半段的路途儘管下雨和連續的上坡讓人疲累,但若和後半段相比那簡直不能抱怨,大約三小時後我們來到庇護所 Refuge Orisson,在這裡可以用餐和住宿,因為山上只有這間庇護所,一定要預定才行,臨時來想住通常是沒有床位的。

　　我們在此休息、裝水、補充食物,此時我的鞋襪已經全濕,略微整裝後繼續前進,在雲霧繞繞中俯覽山谷景色,有一種不沾人間煙火的美麗,然而漫漫長路讓我不敢停留太久,只能專注腳下步伐,跨越一條條泥濘小道。

　　約莫來到15公里後,真正的考驗開始了,此時狂風豪雨大作,幾乎讓人站都站不穩,心裡一直自語:「天啊,有沒有搞錯。」然後變成祈禱:「上帝啊,拜託您讓雨停吧!請給我們一點陽光吧。」奇妙的是過一會兒後,雨停了太陽也出來了,是上帝回應我的呼喚了。

　　但很遺憾的,約莫10分鐘後又開始大雨,沒有停止的跡象,山頂曠野霧茫茫一片,想找一塊擋風的矮牆都不可得,目光所及前後只有我一個人,當下真是懷疑自己,我是誰?我在哪?我為什麼會在這裡?

　　沒有辦法停留或拍照,只能摒除雜念一心前進,偶爾後面有其他朝聖者追上,非常欣喜這片刻的交會。我的下半身已幾乎濕透,鞋襪早在幾小時前已全濕了,現在每一步都踩在水中,還滲入了黃色的泥水,此時氣溫雖不知幾度,但自凍僵的手指判斷體感溫度應該有0度,同時還擔心腳趾會不會失溫,不時動一下看看還有沒有知覺。

艱苦地來到18公里處，令人感恩地出現了一台移動廂型車小攤商，大家狼狽地在此停留，紛紛補充熱量，我立刻買了一杯2歐元的熱巧克力喝下去，暖暖的有救命般的感動。

　　五分鐘後繼續出發，在一條泥濘小徑上遇到兩位友善的法國阿伯朝聖者，雖然語言不通，但比手劃腳邀我跟他們一起走，讓我踩在他們踩過的點上，這樣泥土不會把鞋子淹沒，走了一會兒回頭檢查，見我有跟上來，還誇了我一句：「Bravo！」而這樣溫馨的友愛才只是開始，在朝聖之路上所獲得的種種親切與善意，加起來讓我的內心變得無比豐盛。

　　因為擔心步速不同會讓他們等我，暫時與法國阿伯作別，在山頂唯一一處避難石屋中躲避休息，牆上寫著緊急救援電話112，立刻默記起來以防萬一。今天多次遇到的一位菲律賓女孩也到了，互相點頭致意，我邀她：「要一起走嗎？」她說好，於是我們又冒雨出去。

一早潔淨的鞋襪褲子，到傍晚時已沾滿泥土，途中還不小心滑了一跤。

在18公里處出現一台移動廂型車小攤商，朝聖者們可以欣喜補充食物和熱飲。

即將抵達目的地前的最後衝刺，雨後路徑全是濕軟泥土。

糟糕的氣候因素讓第一天的艱苦經歷深印在走過的人心中。

Roncesvalles庭護所推薦

Albergue De Peregrinos

由老教堂改建的公立庭護所，地理位
置很好，床位有一百多個，設施齊全，
有簡易廚房與自動販賣機可使用。
tel +34 948 760 000
price 12€，可選購朝聖者晚餐10€、
早餐3.5€。 **open** 全年
web www.alberguederoncesvalles.com

老教堂改建的庭護所 Albergue De
Peregrinos，房間寬敞，品質很不錯。

鄰近 Roncesvalles 庭護所的合作餐廳，可在
此吃晚餐和早餐。

公立庇護所一般規定每天早上8點前必須全部離開。

TIPS

　若你也準備翻越庇里牛斯山，建議一定要選在晴天走，晴天不會像我所經歷的這般艱辛，若是雨天請務必走綠色路線，不要走紅色路線，當然天候不佳時最好完全不要走，等待晴天再走。另外，若對自己的體力有疑慮，可先預定山上的 Refuge Orisson 庇護所住一晚，把一天的行程分成兩天走，那會輕鬆很多，可以悠閒地享受山中景致。

村莊餐廳，可以點購各種食物或朝聖者套餐。

　　最後來到海拔約1400公尺處，開始陡下4.2公里。濕滑陡峭的狹窄斜坡約有40至60度，手中沒有登山杖的我，應該是人生中走過最困難的路，每一步都用盡全力小心翼翼移動，膝蓋在這裡是以豁出去的姿態在保護它的主人。後來的路途我一直承受膝痛，始終覺得是因為在第一天的時候實在用力過猛了。

　　經過筋疲力盡的9.5小時後，終於在傍晚五點抵達西班牙境內，也就是第一天的目的地 Roncesvalles（倫塞斯瓦列斯），慶幸自己還安全活著。立刻尋找那間由老教堂改建面積最大的庇護所 Albergue De Peregrinos，當下排隊登記入住，沖洗全是泥土的鞋襪。入口處熙熙攘攘，全是陸續抵達的各國朝聖者，大家紛紛卸下行囊，並感嘆今天的庇里牛斯山，可能是歷年來最糟糕的天氣。

　　在寬敞喧鬧的通舖房間內，又遇到稍早見過的那兩位法國阿伯，開心打招呼。晚餐就在庇護所隔壁的餐廳，即使只有50公尺也走得舉步維艱，覺得兩邊膝蓋都腫起來，半夜起來痛到無法彎曲。但神奇的是，即使如此疲累，經過一夜休息後隔天大家還能繼續前進，但提早的體力見底與膝蓋的巨大耗損，是我後來不得不選擇部份路段搭公車的原因。

03

Zubiri
與世無爭的寧靜村莊，
洗澡、洗衣、拉筋三部曲

西班牙境內第一天路程，穿梭大量林道與山徑，經過作家海明威曾短暫居住過的小鎮 Burguete，領略西班牙北部與世無爭般的閒適氛圍，抵達 Zubiri 時幾乎也是奄奄一息，但和昨天庇里牛斯山相比，那是無限知足。

城鎮	Roncesvalles（倫塞斯瓦列斯）→ Zubiri（蘇維里）
距離	21.5公里
海拔	950公尺～580公尺
移動	徒步
時間	7.5小時

西班牙北部與世無爭的閒適氣圍，讓人立刻愛上這樣寧靜的小鎮風光。

早上8點30分，在 Roncesvalles 的庇護所合作餐廳內享用前一晚預訂好的早餐，烤吐司、果汁與牛奶，相對3.5歐元的價格，這樣的菜色略顯寒酸（純粹因為我個人不愛吃吐司，所以感覺幾乎沒得吃）。但此時重要的不是食物，而是看到其他朝聖者們紛紛精力充沛地出發（也許精力充沛是假象？）。

我擔心自己會落在最後一個，9點時打起精神上路，一路穿梭林中小道、山徑，不時跨越雨後留下的泥濘水窪，經過只有零星幾棟房屋的不知名小村莊，安靜且潔淨，立刻喜歡上這樣的居住氛圍。

在某處郊區柏油路上，我一個人正漫不經心走著，隱約聽到後面傳來聲響，但不予理會（不認為是在跟我講話），聲響持續了約一分鐘，直到聽見「Buen Camino」（朝聖者們最常講的祝福語，一路平安、順利的意思）我才轉頭，原來是一位老太太，她揮著手追上來告訴我走錯路了，雖然方向是對的，但隔壁那一條才是正道。當下我既感激又歉疚，讓她這麼大年紀還跑了一段路，真誠地道謝：「Thank you so much! Muchas Gracias!」她很溫柔地放心笑一下點頭，我原地站了10秒鐘消化這份感動，而這正是我愛上西班牙的開端。

一路穿梭林中小道、山徑，不時跨越雨後留下的泥濘水窪。

依著扇貝標誌與黃箭頭方向前進，就不會迷路。

此時在西班牙邊境，早上9點踏上第二天路程。

沿途經過只有零星幾棟房屋的不知名小村莊，安靜且潔淨。

路上遇到其他朝聖者，擦肩而過時彼此會說一聲「Hola」或「Buen Camino」。

途中標示，渴望見到減少的公里數。

　　依照老太太的話，我轉彎到隔壁條路，留心找著扇貝標誌與黃箭頭，以免再走錯路。三不五時遇到其他朝聖者，擦肩而過時彼此會說一聲「Hola」或「Buen Camino」。遇見昨天曾同路過的夥伴，更有一種劫後重逢的喜悅。一位帶著兩個青少年兒子同行的美國人媽媽就很驚喜跟我打招呼：「看到你真高興，我們後來有想到你，不知道你情況怎麼樣？」

　　我聽了很感動，問她們幾點抵達的？

　　「傍晚六點半才到，」此時她身旁的兒子幽幽補上一句：「我以為昨天會死在山上。」她談起同宿舍一位男生走過三次 Camino，也說昨天是他遇過的最糟狀況。

　　「我們太幸運了。」我說。

　　她說：「Yes and we did it!!!」（是的，我們做到了！）

再一路無語繼續前進，約莫中午時分路過一間餐廳，大量的朝聖人潮為這些前不著村後不著店的寂靜野外帶來商機，對我們來說更是溫暖的所在，可以上廁所、裝水、午餐，幾乎所有人都會放下背包好好休息一番。我也在這裡吃到第一份美味的 Spanish Omelet（西班牙煎蛋或稱馬鈴薯蛋餅），補充好體力再繼續後面的路途。

老房子改建的庇護所 El Palo de Avellano，外觀很有特色。

Zubiri 村莊入口，有迷你的小橋流水，房屋風格古色古香。

Zubiri庇護所推薦

El Palo de Avellano

老屋新修，床位很多，浴廁乾淨但沒有男女之別，戶外有寬敞曬衣場，早餐豐盛。
add Av. de Roncesvalles, 16, 31630 Zubiri, Navarra, Spain　**tel** +34 666 499 175
price 16 €含早餐，另提供付費晚餐。
open 3月15日至11月2日

Albergue ZALDIKO

廣受朝聖者好評，床位不多容易客滿，最好先預定，位置就在進村不遠的右手邊。
add Calle Puente de la Rabia, 1, 31630 Zubiri, Navarra, Spain

tel +34 609 73 64 20
price 10 €
open 3月至10月
web www.alberguezaldiko.com

Albergue Rio Arga Ibaia

地理位置佳，就在入口橋邊，員工友善，家族經營，空間寬敞乾淨。
add Calle Río Argas, 7, 31630 Zubiri, Navarra, Spain
tel +34 680 104 471
price 15 €含早餐
open 全年，冬季可先預定。

簡易晚餐：西班牙燉飯。

庇護所內居住的朝聖者們，許多人會聚集聊天或暖身拉筋。

　　下午4點30分，抵達今天的目的地 Zubiri 小鎮（因為步速不同每個人抵達時間不一定，通常在下午1點到5點前）。進村看到的第一間庇護所已滿，櫃檯人員推薦附近另一間庇護所，我立刻遵從，因為也沒有體力再詳細挑選或比較，住進了房子外觀極美的 El Palo de Avellano，屋內熙熙攘攘已住滿了許多朝聖者。

　　我在個人床位旁克難地整裝，開始此後每天「洗澡+洗衣」的例行流程。而後到戶外庭院曬衣和拉筋。

　　有趣的是，看到每個人爬樓梯時的腿部姿勢，都因酸痛而變形，稍微久坐一下再站起來也會痛得唉唉叫，雙腿發抖，也許這對朝聖者們來說都是「甜蜜的折磨」。

　　梳洗後我出去覓食，在餐廳戶外區點一份西班牙燉飯，安靜享受朝聖路上的小鎮時光，再去隔壁超市購買香蕉與零食等，最後步履緩慢回到庇護所客廳。大家三三兩兩坐著聊天，不管認不認識都能親切打聲招呼，還有人興致勃勃地唱起歌來，我想這就是朝聖日常，除了疲累之外一切都這麼美好。

04

Pamplona
筋疲力盡的終極解釋

朝　聖路上第一座大城 Pamplona，有著兩千
年演化歷史的美麗城市，沿途遇見我憧
憬過的廣闊天地，綠野草原景色怡人，山徑兩
旁不時傳來花香，地形坡度起伏不高，但陽光
炙熱缺少遮蔽處，是對體力的極大考驗。

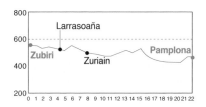

城鎮 Zubiri（蘇維里）→
Pamplona（潘普洛納）

距離 22公里

海拔 550公尺～420公尺

移動 徒步

時間 7.5小時

筆直的柏油路綿延無盡彷彿直通到天際般，
承載著我們對於遠方的無限想像。

徒步以來第一個陽光明媚的晴天，讓目光所
及的一切更鮮活美麗。

火熱的太陽是對體力的一大考驗。

在 Zubiri 庇護所內享用了可能是這趟旅程吃過最豐盛的早餐，麵包、水果、牛奶、果汁、優格等。早上8點整出發，先穿過一段工業區，接著轉進山道，再沿著 Rio Arga 河畔行進，徒步以來第一個陽光明媚的晴天，讓目光所及的一切更鮮活美麗。

上午身體狀態良好，還能應付各種路況，大約走了一半距離來到沿途經過的庇護所兼餐廳 La Parada de Zuriain，毫不猶豫坐下休息並午餐，而一旦坐下來後，那份慵懶與舒適讓人留戀，很難再逼自己站起身走，但不得不繼續出發。而就在不遠處，遇見了讓我驚呼的景色，那是一條筆直的柏油路，綿延無盡彷彿直通到天際般，承載著我們對於遠方的無限想像。

依依不捨離開這個場景，因為朝聖者們要沿著黃色箭頭標誌馬上轉到山中小徑，一路靜謐只聽見自己的腳步聲與林中傳來的鳥鳴，從山坡望去眼前是層疊綠野，景色怡人。

我最常吃的點心Spanish Omelet
（馬鈴薯蛋餅）。

經過途中餐廳，一旦坐下來休息，那份慵懶與舒適讓
人留戀，很難再逼自己站起身繼續走路。

途中小鎮，一路景色廣闊怡人。

氣喘吁吁中伴隨著這樣的美景，是最好的精神回饋。

Pamplona 是朝聖路上的第一座大城，有的人會在此多停留一天或補充裝備。

　　但火熱的烈陽毫不留情照著你，上上下下的碎石坡更是折磨膝蓋的頭號敵人，不知不覺體力下滑，在抵達目的地前的一個小鎮，還剩2公里，氣力徹底枯竭，似乎再移動一步都要哭出來，看到其他朝聖者們箭步如飛覺得好羨慕。沒一會兒出現另一個也是腳痛的西方女生，跟我一樣緩慢地移動，我們相視而笑，有氣無力地道聲：「Buen Camino」，意思也是「加油吧」！

　　終於到了 Pamplona 入口，地圖顯示要沿著一段長長的老教堂牆面走上去，一度以為迷路了，徘徊折返兩次，因為看起來實在不像城市，最後咬牙走到底看看吧，幸好是對的，就在城門旁第一間私立庇護所住下來，因為我再也走不動了。

　　兩千多年前，Pamplona 是山谷中一塊小小聚居地，如今發展成一座中等規模的美麗古城，知名活動是每年7月會舉辦的奔牛節，其盛況曾在海明威的小說中被描述過。

街上可見許多朝聖者來來往往，大部份人都很友善、有禮、風趣。

潘普洛納皇家聖母主教座堂
Pamplona Cathedral

建於15世紀的哥德式建築風格，迴廊裡多處可見精緻石雕工藝，中世紀的納瓦拉（Navarra）國王曾經在此加冕，有一些國王也安葬於此。內部有博物館以及歷史資訊展覽。

© 顏小樹

🐚Pamplona庇護所推薦

Casa Ibarrola Albergue
床位有拉簾，還有個人置物架與閱讀燈，是庇護所裡的「豪華」版，寢室在二樓，浴廁在一樓。
add Calle Carmen, 31, 31001 Pamplona, Spain
tel +34 692 208 463　**price** 16 €含早餐
open 全年

Albergue Jesus y Maria
鄰近市中心大教堂，總床位112個，空間寬大整潔。
add Calle Compañía, 4, 31001 Pamplona, Spain
tel +34 948 22 26 44
price 10 €
open 全年

Casa Paderborn
鄰近河邊位置，德國人經營，乾淨友善，有一個可愛花園。
add Caparrosoren Errotako Bidea, 6, 31014 Pamplona, Spain
tel +34 948 211 712
price 7 €
open 3月1日至10月31日

今晚入住豪華版庇護所，有專屬檯燈和置物架，還有獨立床簾。

來自不同國家的朝聖同伴，正在準備幫我處理腳上水泡。

　　當我梳洗過後帶著極痛的左膝一拐一拐出去散步，立刻就愛上了這座城市，有著典型的歐洲民居建築與石磚小道，在街上走著不時會遇見其他國家的朝聖者，紛紛熱情打招呼，大家都友善、有禮、風趣，非常喜歡這樣高度文明的氣氛。

　　每一間庇護所都有一處公共休息空間，是許多朝聖者們聚集交流的地方，他們來自羅馬尼亞、美國、德國、法國、英國、斯洛維尼亞、西班牙、台灣、韓國、日本、菲律賓⋯共同點是彼此都很友好。

　　當晚準備睡覺前，有三個來自不同國家的朝聖者同伴，聽說我的腳長了水泡，立刻經驗豐富的樣子，各自找來針線器具，要幫我進行「手術」，把水泡穿破，說是這樣好得快。隔天我到另一個小鎮的藥局，跟藥師描述情況，那藥師說新水泡最好不要穿破，不要理它就好。我不禁莞爾，雖然不建議大家胡亂診治，但他們的熱心與友愛我非常感激。

05

Puente la Reina
在中世紀古城享受浮生半日閒

續三天共七十多公里的高強度徒步終於讓膝蓋承受不住，痛感加劇，經過一番天人交戰後不得不面臨誘人的巴士選項，在 Puente la Reina 小鎮偷得浮生半日閒，而馳騁在公路兩旁的壯麗景色一樣令人心曠神怡。

城鎮	Pamplona（潘普洛納）→ Puente la Reina（皇后橋鎮）
距離	25.5公里
海拔	420公尺～800公尺
移動	徒步+巴士
時間	1.5小時

鎮上寧靜得可以聽見蟬鳴，沿街民宅窗台可見栽種的各種鮮花，覺得這樣的地方才是最幸福的生活場所。

在「豪華版」庇護所裡睡一覺後，我的膝痛並沒有如預期般能夠奇蹟修復，同伴們一早帶著理解的目光給了各種建議，我面臨三個選擇：

一是在 Pamplona 休息一天明天再走。

二是繼續走一小段路，但提早在某個村莊休息。

三是直接搭巴士到下一站預定的目的地。

我經歷了一番天人交戰，決定先去買登山杖再說，因為陰錯陽差我沒能在法國 Saint Jean Pied de Port 買到登山杖，是一個大大失策，而前面三天加起來約70公里也是最困難的路段，已經讓膝蓋受傷。

在市區運動用品店快速買好登山杖後，我循著標誌出發，想先走一段試試，但每一步都極緩慢，不論如何調整行進姿勢都無法隱藏膝蓋傳來的陣陣痛楚。

大約30分鐘後來到城郊，此時是做決定的時刻，因為再走出去就是荒郊野外，最近的下一城在5公里外，我擔心膝蓋這麼痛，5公里走不到，有可能會在半路進退維谷。現在已經上午10點，時間也比正常時程晚了，最後忍痛果斷轉頭，回到市區去坐車吧。

Puente la Reina（皇后橋鎮）因有一座美麗的羅馬古橋而得名，自中世紀以來便是朝聖路線的必經之地。

夏季鎮上陽光炙熱，而人煙稀少。

23公里搭巴士只需短短30分鐘，我下車時有一種不敢置信的夢幻感。

Pamplona 長途巴士站，候車月台在地下室。

傍晚的巷弄景致，充滿中世紀古城的歲月感。

打開 Google Map 導覽，穿越市區慢慢走到 Pamplona 公車總站，但不知準確的搭車位置在哪裡？站牌旁有一位體型壯碩看起來不好惹的大哥，我猶豫了一下向他問路，才說了一聲「Hola」，他立刻轉換為親切和善的表情，極力想幫忙的樣子非常可愛，但他不能說英文，勉強用翻譯軟體溝通，他又自己跑去問旁邊另一個人，一直誤會我要去機場，我說是要去 Puente la Reina（皇后橋鎮），最後終於弄清楚了意思。

謝過他以後，我到地下一樓的巴士櫃檯買票，一張2.3歐元。再往內走才是一整排的巴士上車點，此時又有兩位老太太走近，一邊對我說著西班牙文，一邊用手勢引導我走去正確的月台，臉上帶著溫暖慈祥的笑容，叫我怎能不愛上他們！

Puente la Reina（皇后橋鎮）因有一座美麗的羅馬古橋而得名，自中世紀以來便是朝聖路線的必經之地，徒步進城前約五公里處有一棟建於12世紀的羅馬式教堂「Iglesia de Santa María de Eunate」，也是值得順遊的一個知名景點。

趁著休息日把所有衣物清洗，順便在露台悠閒曬太陽。

在巴士站見到的可愛小女孩。

❀ Puente la Reina庇護所推薦

(Albergue Amalur)

一樓有附設BAR與戶外餐椅區，老闆娘不
會英文，浴室乾淨寬敞，床板隔層很矮。
add Calle Cerco Viejo, 3, 31100 Puente la
Reina, Spain
tel +34 948 34 10 90
price 12€含早餐
open 全年

(Albergue Puente)

地理位置良好，床位舒適乾淨，空間寬
敞，有漂亮的戶外露台區。
add Paseo los Fueros, 57, 31100 Puente la
Reina, Spain
tel +34 948 34 10 52
price 13€含早餐
open 3月15日至10月15日

當地藥局裡面的藥師大多很有經驗，知
道朝聖者們可能遇到的問題和需求。

　　我雖然沒能見到這座教堂，但沿途公路景色一樣美得讓人驚呼。而讓我
們走到流淚的23公里，搭巴士居然只需30分鐘，我下車時有一種不敢置信
的夢幻感。

　　Puente la Reina 鎮上人煙稀少，建築風格充滿中世紀古城的歲月感。當
下憑感覺選擇一間有戶外餐椅區的私立庇護所，老闆娘很友善但英文不
通，來回翻譯後登記入住。上午11點半的庇護所只有我一個客人，床位任我
選擇，我把握這難得的休息時間，立刻將背包裡所有衣服包括滿是塵土的
鞋子都洗了，坐在戶外露台放鬆地曬太陽。一邊也覺得心虛，似乎我今天並
沒有付出過什麼努力，但又安慰自己，只有休息才能讓膝痛好轉。

　　稍後一拐一拐出去尋找藥局，臨時買了一條運動繃帶和一瓶類似凡士林
的滋潤乳膏。鎮上寧靜得可以聽見蟬鳴，沿街民宅窗台可見栽種的各種鮮
花，覺得這樣的地方才是最幸福的生活場所。

　　在庇護所櫃檯巧遇另一個來自台灣的女生，她在澳洲打工度假存夠旅
費，就來走朝聖之路，我們倆都覺得有緣，後來還同行了幾天。當晚就一起
去附近的巷弄餐廳吃牛排大餐，盡情享受片刻閒適的歐洲小鎮時光。

寬恕之峰 Alto de Perdon

　　從 Pamplona 走到 Puente de la Reina 中途約10公里處，會來到路段最高海拔約800公尺的知名景點「寬恕之峰」，這裡有一排從古至今的朝聖者剪影雕塑裝置，象徵不同時期的朝聖之路演變史。站在峰上高處，也能盡覽山下廣闊的田園風光。

©顏小樹

晚餐享用牛排大餐，還和鄰桌一對來自瑞典的夫妻朝聖者聊得愉快。

　　運動繃帶在行走時緊緊纏在膝關節附近，能減緩過度彎曲帶來的傷害。另外，每天穿襪子前先把滋潤膏塗一層在腳上，能避免大量摩擦產生水泡。

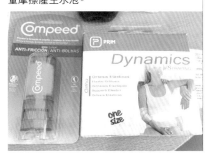

06

Estella

烈陽下的蹣跚步履，到底還有多遠？

廣闊的農田原野是今天路上的主要景觀，烈陽與似乎永無盡頭的長路逐漸讓人崩潰，儘管看到陡坡會有想倒退三步的恐懼感，但山徑旁的濃郁花香令人留戀，荒野中出現救命般的食物補給站，是當地人的關心和友善，寬慰我們的筋疲力竭。

城鎮 Puente la Reina（皇后橋鎮）→
Estella（星星鎮）

距離 23公里

海拔 320公尺～420公尺

移動 徒步

時間 8.5小時

傍晚5點10分抵達住宿處，開始意識到要連續這樣走三十幾天是瘋狂的。

曾在電影《The Way》中出現的石橋場景。

早上8點30分離開 Puente La Reina，經過傳說中一座小小的朝聖者石橋，便走向似乎無盡頭的漫漫長路。

和許多其他日子一樣，上午時段體力較佳，還能有餘力感受、欣賞沿途景色。中午時已接近枯竭，緊緊跟隨的烈日無孔不入，正當覺得快要撐不住時，路徑上竟出現一個簡單搭建的捐獻攤，為了朝聖者而設置的食物補給點，提供餅乾、水果、三明治、水、飲料等，讓每個人自由取用，自由捐獻，令人感激。

攤子的老闆是一位西班牙青年，感覺開朗善良。因為他接觸的朝聖者多，居然也會講中文的你好與謝謝，十分有趣。

簡單補充食物並捐款後出發，陸續翻過幾段小山坡，最難熬的是缺少樹蔭遮蔽，即使戴了帽子仍覺得頭頂被曬得發燙。中途抵達小鎮 Lorca，立刻在路旁一間 Bar 休息並午餐。很想直接住下來，但距離預定目的地 Estella 還有8公里，Bar 裡的員工大叔不會說英文，但很熱情的想表達些什麼，還主動來幫忙拍照，令人備感溫馨親切。

下午時段全靠意志力支撐，幾乎不知今夕何夕的狀態，除了努力行進不能有太多想法。

各式食物自由取用、自由捐獻。

荒野中特別設置的食物補給站，讓朝聖者們覺得感激。

烈陽下無遮蔽處路段，既美麗又艱辛。

途中小山坡，讓人想倒退三步但也必須勇往直前。

經過小鎮 Lorca，慵懶的午後氛圍讓人想賴著不走。

在難得的陰影下短暫休息。

路徑旁常見整片的盛放花朵，視野寬廣。

　　路上遇到一對北歐來的老夫妻，他們只打算走一星期就離開去別的城市旅行，我們一邊擦著防曬乳一邊感嘆今天31度的天氣有多炎熱。老太太說7月的時候好像會到40度，我說放心吧，7月的時候我們絕不會在這裡，他們笑起來，然後我們道了再見。

　　再繼續走沒多久，遇到前兩日曾照面過的一個韓國女孩，她的同伴步速較快已經先走一步（由於步速不同，在朝聖路上大部份彼此不會等待，而是各走各的到某個城鎮再見面）。

　　我們簡短打了招呼，再各自專注步伐，沒多久又在路邊休息時遇到，她的水已經喝光，幸好有其他朝聖者分給她一點水，她正在考慮想把空的寶特瓶丟棄林中，似乎她的體力已經無法負荷再多帶一個空寶特瓶，我說：「給我吧，放我背包我帶走。」她好像有點驚喜又不好意思增加我的負擔，我說沒問題，空瓶子不重。

　　後來我們互相測試對方背包，發現她的背包比我重很多，應該有10公斤。晚上在浴室見她還帶了女生用來夾頭髮的離子夾，覺得佩服，因為她的體型看起來比我瘦弱。

　　Estella（埃斯特亞，又名星星鎮），傳說在中世紀有人發現許多星星墜落此處，前來查看時見到一尊聖母像，認為是一種神蹟而得名。當我終於走

幾乎每一個村莊都會有庇護所和餐廳。

🐚Estella庇護所推薦

(Hostel Agora)

全程住過價格最貴的庇護所。床位有
隱密的拉簾,早餐豐盛,缺點是無處
可洗衣和曬衣,除非使用付費的洗衣
機與烘衣機。

add C/ Callizo Pelaires nº3, 31200 Estella,
Navarra, Spain
tel +34 948 54 65 74
price 20€含早餐
open 3月至11月

(Albergue Hosteria de Curtidores)

鄰近河邊位置,環境優美,空間乾淨
寬敞,員工友善,早餐豐盛。

add Calle Curtidores, 43, 31200 Estella,
Navarra, Spain
tel +34 948 550 070
price 15€
open 全年

Estella 市區,石磚道與建築風格古色古香。

到住宿處是傍晚5點10分，已經榨乾最後一絲力氣。我認真意識到要連續這樣走三十幾天是瘋狂的，路上不斷在心裡自語：「You got to be kidding me!」（你是在開玩笑吧）對比先前在台灣爬百岳的經驗，或是去尼泊爾走聖母峰基地營，雖然路途也很艱辛，尤其是後者，但那疲累感似乎還不及這趟朝聖之路，我不確定是因為之前路途有伴，而這次只有孤單一人，還是因為距離真的太遠所致？

好在今晚預定的庇護所比較高級，洗澡後在屋外貪婪享受短暫的發呆休息時光。晚餐時分我往熱鬧的主街慢慢逛去，與先前經過的幾個小鎮一樣，都有相似的古建築、石磚道，是我最喜歡的城區風格與不疾不徐的生活節奏。

走進小超市選購簡單的微波食物，昨天遇到的澳洲女孩今天跟我住同一間庇護所，還給我一包原汁原味的台灣泡麵，讓我如獲至寶。今晚除了嚴重的腿腳酸痛還有感冒徵狀，所以不到10點便上床睡覺，準備養精蓄銳迎接明天的挑戰。

今晚入住私立庇護所，環境乾淨但可惜無處洗衣。

獨立床簾兼具隱私，人數多時依然可能很吵雜。

Los Arcos
一半徒步，一半觀光

離開 Estella 約3公里處經過知名景點「酒泉」(Fuente de Vino)，為每位朝聖者提供免費紅酒。從鄉村小徑穿梭到柏油路，為了避免再一次筋疲力竭，最後脫離常軌，獨自走到2公里外的 Urbiola 小村莊，轉換成公路旅行抵達 Los Arcos。

城鎮	Estella (星星鎮) → Los Arcos (洛薩爾科斯、弓箭鎮)
距離	21公里
海拔	420公尺～720公尺
移動	徒步+巴士
時間	5.5小時

鄰近聖瑪麗亞教堂的熱鬧廣場，
假如還有餘力，也能順便觀光。

昨晚終於睡了一個比較好的覺，但其他朝聖者們紛紛抱怨一位日本老人半夜喝醉了酒回宿舍，砰砰碰碰唉唉呀呀地呻吟，吵得所有人不能睡，我也隱約記得一陣喧嘩，有個女生語帶不滿地說：「你要不要去樓下客廳的沙發睡，你這樣吵到大家都不能休息。」

今天早上那個日本老人忙著道歉，但那兩位被吵到的韓國女孩顯然不領情，我因為昨晚太累了雖然聽到聲響還能繼續睡著，但在庇護所遇到這種吵鬧情形確實會讓人非常憤怒。

經過幾天艱苦的徒步，我對自己的體力認知有了全面的更新，為了預防在半路累到叫天天不應、叫地地不靈的情況，我先向庇護所櫃檯人員詢問沿途是否有巴士可搭，作為備選方案，得到的答案是僅有中間一處 Urbiola 村莊有一班車，且不在朝聖路線上，需要額外走2公里。

帶著這個備選方案開始今天的路途，出城約莫3公里來到知名的 Bodegas Irache 酒莊，被朝聖者稱作酒泉（Fuente del Vino）的位置，這裡設有兩個水龍頭，一邊打開是水，一邊打開是紅酒，每日免費提供100升，幾乎每位朝聖者都會自備杯子來取用。

Los Arcos 景點

酒泉 Fuente del Vino

自 Estella 走來約3公里處，過了 Ayegui 小鎮，可見朝聖路上知名的景點酒泉（Fuente del Vino），水龍頭打開即是紅酒。這項傳統延續自11世紀，當時這裡設立了 Irache 修道院，那些修士從12世紀起開始釀酒，不僅供應給當地 Navarra 皇族，也贈予路過的朝聖者麵包和紅酒，後來由當地的 Bodegas Irache 酒廠延續這項傳統，有些朝聖者還會自帶一些起司點心來搭配紅酒享用，別有一番趣味。

由當地 Bodegas Irache 酒廠免費提供紅酒給路過的朝聖者飲用。

休息過後，一早離開 Estella 繼續出發。

酒泉附近有一間手工鑄鐵小店，製作並販售
貝殼紀念品，值得一逛。

獨自走向 Urbiola 村莊的公路，感覺無邊無際。

田園景色如昨，不時會遇到騎單車的朝聖者擦身而過。

　　我因為酒量極差，擔心會醉醺醺所以不喝，其他喝過的同伴形容酒的味道較淡。我想相較於品質或口感，這份對朝聖者的照顧心意更讓人珍惜。此外附近還有一間手工鑄鐵小店，材料取自廢棄酒桶上的金屬，製作並販售一些貝殼紀念品，也很值得一逛。

　　繼續走過各處田園、山徑，到了本日最高點 Villamayor de Monjardin 小鎮，此時便是抉擇時刻。再之後是連續12公里無人煙的荒野，我評估繼續走的話，要到傍晚5點才會到，庇護所可能會沒床位，還要洗衣服，我不想每天累得筋疲力盡，連一點感受的餘力都沒有。最後決定轉身走去2公里外的小村莊 Urbiola，目光所及整條筆直的公路上只有我一個人，兩旁無限延展的山丘景色讓我驚呼太美！一點也不輸徒步路段的風景。

　　依循 Google Map 指引走到 Urbiola，沒想到是一個只有兩三棟民宅的小村子，幾張零落的椅子擺放在庭院中，有種在美國西部電影中可見的荒涼慵懶。

　　路旁正好有一間 Bar，立刻走進去詢問巴士搭乘地點，吧檯後是一位中年西班牙男士，非常友善地告訴我搭車點就在這房子外面，大約30分鐘車會來，又主動指著店內一處說那邊有洗手間。這份貼心真是讓我感動，心想一定要消費點什麼作為報答，就跟他買了一罐檸檬茶。

　　半小時後巴士準時抵達，讓我驚訝的是置物箱內有好多登山杖與背包，車上坐著許多位男女朝聖者，可見大家都很累，都需要巴士支援。後來又發現西班牙公車可以上車買票，不必擔心沒有零錢，因為司機先生會找零，

駕駛座旁有一個類似收銀櫃的設備，覺得太有趣也很方便。

7分鐘後，就抵達今天的目的地 Los Arcos（洛薩爾科斯、弓箭鎮），昨晚住的是最貴的 Hostel 20歐元，今晚住公立庇護所 Albergue Isaac Santiago，只需6歐元。

報到登記後便開始洗澡洗衣。大通舖房間已近乎全滿，普遍低矮的床位隔層讓我的頭至少撞到20次，每次都一陣哀嚎。而沒有男女分開的浴室，會發生你洗完澡開門出來那一刻，迎面走來一位裸著上身的陌生男子，或者當你洗臉刷牙時在你身邊走來走去，相當尷尬，但大家也試著習以為常。

終於梳洗完後，在戶外的公共休息區坐下，跟著大家一起抬腿拉筋。這是我喜歡的行進節奏，但必須縮短每日徒步距離或者依靠巴士，才有體力與時間享受這樣的悠閒。

鄰近庇護所可見知名的聖瑪麗亞教堂（Iglesia de Sta. María de Los Arcos），走過去只需2分鐘，圍繞教堂鐘樓的戶外廣場也是熱鬧的中心點，周圍餐廳和商店林立，晚餐時段聚集最多人潮。

我在鎮上幽靜的巷弄中閒逛一圈，最後也來到廣場，隨緣選了一間餐廳坐下，無意中點了全程最好吃的一份西班牙燉飯。

通舖房間床位很多，隔層普遍低矮，要小心會撞到頭。

意外美味的西班牙燉飯，一份約8歐元。

🐚 Los Arcos庇護所推薦

Albergue de Peregrinos Isaac Santiago

大通舖房間床位較多，隔層低矮，浴廁不分男女，戶外空間寬敞，地理位置佳。

add Autovía Camino de Santiago, 31210 Los Arcos, Navarra, Spain

tel +34 948 44 10 91

price 6 € **open** 4月1日至10月31日

Casa de la Abuela Hostel

家族經營，員工友善熱心，設備齊全，提供價格較低的洗衣服務。

add Plaza la Fruta, 8, 31210 Los Arcos, Navarra, Spain

tel +34 948 640 250

price 12 €

open 3月1日至10月31日

Los Arcos景點

聖瑪麗亞教堂
Iglesia de Santa. María de Los Arcos

位在 Los Arcos，是納瓦拉（Navarra）地區最著名的教堂之一，最初建於12世紀，當時是一座羅馬式教堂，後經不同時代演變，陸續加入哥德式、巴洛克式與新古典主義元素。遠遠就能看到的高聳鐘樓來自16世紀，結合了哥德式與文藝復興時期的風格特色。

Los Arcos 中心廣場，也是許多朝聖者享用晚餐和早餐的地點。

今晚住的公立庇護所，到傍晚五點時已全部客滿。

08

Logroño
無法抗拒的公路旅行誘惑

朝　聖路上第二座大城 Logroño，因為是徒步必經的要道而受到重視，在12世紀第一本朝聖指南中被提及，是 La Rioja（拉里奧哈）自治區首府，市中心不僅有樹蔭濃密的熱鬧廣場，眾多餐廳酒吧，也有必訪的哥德式古老教堂。

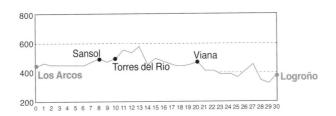

城鎮	Los Arcos（弓箭鎮）→ Logroño（洛格羅尼奧）
距離	30公里
海拔	450公尺～580公尺
移動	徒步+巴士
時間	3小時

綿延的沙土路兩旁多是一望無際的麥田與草原，
偶有朝聖者穿梭其中，景色十分孤寂優美。

早上8點前所有人必須離開庇護所，我匆匆整裝，在鐘樓旁廣場簡單享用早餐後出發。路徑相對平坦，綿延的沙土路與柏油路交替，兩旁多是一望無際的麥田與草原，偶有朝聖者穿梭其中，景色十分孤寂優美。

走了約7公里來到 Sansol 小鎮，打聽到這裡是唯一可以搭巴士的地點，再次面臨繼續走還是搭巴士的誘惑。

經過八天徒步行程，我明白自己的體能極限，大約每天能負荷走15至20公里，超過的路途就舉步維艱，腳板與膝蓋的疼痛始終未能完全退散，如果按照出發前的雄心壯志──30天全程徒步──似乎已經不可能，除非把

一望無際的田野山丘景色，即使看過很多，也百看不膩。

時程拉長至40天。並且自從感受過公路旅行的美妙後，幾乎很難抗拒。

　　最後決定退而求其次，從 Sarria（薩里亞）之後再全程徒步，到終點時拿一張「基本款」朝聖證書作為紀念，而前面的路段，就依自己的體力能走多遠算多遠。

TIPS

　　從 Sarria 走到 Santiago de Compostela 共115公里，5天路程，是能夠取得官方朝聖證書「徒步至少100公里以上」的最低門檻與路段選擇。詳見本書P.15。

偶爾走在柏油路段，久久才會見一輛車駛過。

　　雖然做了這個決定讓心情輕鬆不少，但仍猶豫著是否要把握這個搭車機會。Sansol 搭車點位在村子盡頭公路旁一個不顯眼的位置，我在原地徘徊等待，過了預定時間車子還未抵達，一度以為錯了。

　　此時有一位西班牙中年太太也在同個地方等車，我用翻譯軟體向她詢問，她說是在這裡搭車沒錯，等一下車子就會來，讓我不要擔心，還拿出硬幣告訴我車資是幾歐元，十分親切友善。沒一會兒果然車子來了，她的表情像是欣慰地說，你看，這就是了。

　　我們一起上車，用紙鈔買票，司機一樣會找零。我抬眼發現，車上已坐著許多位朝聖者，我們都了解這是怎麼回事，大家也笑著互相打招呼。

　　沒多久抵達 Logroño 巴士總站，我被迎面而來的熱鬧景象嚇到，突然很不習慣車水馬龍，更愛幽靜村莊。

　　打開 Buen Camino App 與住宿清單選擇庇護所，步行約20分鐘後來到 Albergue Albas 登記入住，洗澡洗衣。門外是一個圓型小廣場，我在隔壁餐廳點了一份簡單午餐並在戶外區坐了許久，一邊整理後段的旅行資訊，安靜享受午後光陰。

TIPS

朝聖路上的公共交通在大城市比較發達，但在一些小村莊可能完全沒有車經過，或者僅有一天一班或兩班車，要把握機會否則錯過只能用走的。據說也有一些朝聖者途中會搭計程車，想必費用較為高昂。

Logroño 市區街道。

Sansol 小鎮的搭車點，站牌十分不起眼。

許多小村莊氛圍寧靜純樸，比起大城更讓我喜愛。

洛格羅尼奧主教座堂 Concatedral de Santa María de la Redonda

　　Logroño 市中心聳立著羅馬天主教的主教座堂，是當地知名的哥德式風格建築，入口柱廊與雕像群極精美又富有歲月感。教堂修建於13世紀，1931年被列入西班牙保護建築，內藏米開朗基羅油畫，開放朝聖者參觀。

add Calle Portales, 14, 26001 Logroño, La Rioja, Spain

tel +34 941 25 76 11

⚜ Logroño住宿推薦

Albergue Albas

距市中心步行約15分鐘，環境安靜，廚房和餐廳面積小但很乾淨，可以借吹風機。
add Plaza Martínez Flamarique, 4, 26004 Logroño, La Rioja, Spain
tel +34 941 70 08 32
price 12€　**open** 全年

Albergue Parroquial Santiago El Real

具有濃厚朝聖氣氛，熱情好客，晚上在教堂有合唱團祈禱，提供晚餐和早餐。

add Calle Barriocepo, 8, 26001 Logroño, La Rioja, Spain
tel +34 941 209 501
price 自由捐獻　**open** 全年

Albergue Santiago Apostol

位在老城區教座旁，有公共宿舍也有私人客房，提供完整設施與服務。
add Calle Ruavieja, 42, 26001 Logroño, La Rioja, Spain
tel +34 941 25 69 76
price 10€　**open** 全年

晚餐主食之一燉牛肉。

主座教堂周圍的商業街，也是我們覓食的地點。

傍晚時分，和澳洲女孩相約一起晚餐，她的腳後跟腫痛必須吃止痛藥，今天一早已經搭巴士抵達 Logroño。我們相約去市中心，一邊閒逛一邊尋找合意的餐廳，經過知名的洛格羅尼奧主教座堂（Concatedral de Santa María de la Redonda），在夕陽映照下建築外觀十分美麗。

而讓我們驚訝的是，餐廳要到8點才供應晚餐。現在已經飢腸轆轆，但也只能耐心等待，最後我餓到點了兩份主食，結果是吃不完打包。

107

09

Navarrete

教堂無處不在，在聖歌中駐足低徊

放 慢步調，排除身體的疼痛，才能讓感官開啟，有餘力感受更多。這裡有迷人小鎮，有歲月累積的朝聖文化，有旅途中最隨意自然的遇見。

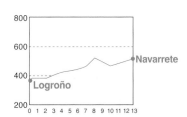

城鎮	Logroño（洛格羅尼奧）→ Navarrete（納瓦雷特鎮）
距離	13公里
海拔	380公尺～500公尺
移動	徒步
時間	5小時

儘管烈陽依舊，但當決定不再「趕路」，
步伐與心情都變得輕盈。

途中經過公共取水處，可以把手邊的水壺裝滿。

在庇護所牆上看到的中世紀朝聖畫像，讓人無限神往。

連續兩天都是最後一個離開庇護所，我不願意匆忙。有些人會起早摸黑出發，像打仗似的，不是我喜歡的徒步模式。但朝聖之路沒有公式，各人想怎麼走都可以，只要覺得自在就好。

早上8點在庇護所廚房，我一個人微波昨晚打包的食物當早餐，看到牆上一幅手繪的中世紀朝聖畫像，突然很有感觸。幾百年前的人們，路途是怎樣艱辛，朝聖意念是如何堅定虔誠，當時都沒有像樣的登山杖，更別說厚底登山鞋，是信仰的力量讓他們克服萬難，而享受這麼多裝備與時代優勢的我，又有什麼理由不能繼續走呢？

於是8點30分我背起行囊出發，但 Logroño 城市很大，徘徊在街區找不到 Camino 的黃色箭頭或扇貝標誌，問了三、四個人才來到昨晚經過的教堂。與澳洲女孩簡訊聯絡，她本想搭車，聽到我要走，就跟我結伴。

按照官方建議日程，今天的目的地是29公里外的 Nájera（納赫拉），但我們倆都有腳傷在身，不確定自己能走多遠，就先定下13公里的下一城目標。

大約走了一小時多，眼前出現一個面積很大的湖，偶有幾隻鴨子游過水面，非常平靜美麗。走過環湖步道才算正式來到城外，經過大片田野、葡萄園區、公共取水處與食物捐獻攤。路途並不難走，考驗來自陽光曝曬而缺少遮蔽處。

貼心的 Camino 標誌無處不在。

樹幹上也不忘留下黃箭頭，指引大家前進的方向。

郊區外有一段面積頗大的環湖步道，景色優美靜謐。

大片的田野與葡萄園區就在路徑兩旁。

偶爾會穿過一些柏油路段。

寧靜的村莊人煙稀少，不時迎來路過的朝聖者。

四個多小時後，我們遠遠望見山坡上一片紅瓦建築的美麗村落，那裡就是 Navarrete（納瓦雷特鎮），抵達時是下午1點30分。

村子入口不遠處第一棟大建築就是公立庇護所，走進去詢問，答案是有床位且住宿費用僅7歐元，我們略略躊躇一下就決定住下來。庇護所的兩位工作人員，都是法國人，不知道為什麼會在這裡，在門口小聊時我問那位年長的法國阿伯：「您在這裡工作多久？」他答：「30年又15天！」讓我震驚。

阿伯非常友善，說他每天傍晚五點會免費帶大家遊覽鎮上景點，也歡迎我們加入，又告知前面轉角處（入口很隱密）有個遊客資訊中心，那裡的工作小姐英文比他好，有什麼事可以問她。謝過他的好意後，我們就出去逛逛，並在遊客中心那位親切美麗的服務小姐口中獲得需要的所有資訊。

五分鐘步程外的廣場有一座始建於1533年的聖瑪麗亞·德拉亞松森教堂（Iglesia de Santa María de la Asunción），其中內部的巴洛克風格主祭壇氣勢磅礡，是著名的元素之一。

即將抵達前方村子，約還有2、3公里。

🐚 Navarrete住宿推薦

Albergue de Peregrinos Navarrete

標準的公立庇護所格局，床位數量很多，
廚房很大，自煮鍋具齊全。
add Calle San Juan, 2, 26370 Navarrete, La Rioja, Spain
tel +34 941 440 722
price 7€
open 3月1日至11月1日

沒有人群喧嘩，午後的陽光非常舒服。

小鎮上的餐廳。

　　教堂免費開放參觀，我入內靜靜瀏覽一遍，不知從何處傳來隱約的詩歌吟唱，聽著聽著一陣奇異的感動湧上，不捨移步，幾乎再聽久一點就要流淚。歌聲告一段落後我步出教堂外，廣場前種植著幾顆大樹，讓這個區域更顯得安靜且優美。

　　大約逛了一小時後我們來到鎮上的超市選購晚餐，架上竟然有賣台灣泡麵！欣喜若狂地買了兩包，又買了雞蛋、優格和微波海鮮飯，這是我僅會自理的食物。在庇護所的二樓廚房，可見各國朝聖者輪流使用鍋子器具，料理著各種風味的食物，有烤肉，有煮湯，看起來工程浩大，且香味誘人，讓我深深覺得來朝聖之前，一定要學會幾道料理技藝才好。

　　相較於把自己逼到奄奄一息痛苦不堪，今天才走13公里，身體不累，又有餘裕的時間可以逛逛，覺得太美好。甚至，我第一次注意到，宿舍窗台外，夜裡亮起的暈黃街燈。

聖瑪麗亞·德拉亞松森教堂
Iglesia de Santa María de la Asunción

巴洛克風格的主祭壇氣勢磅礴，教堂免費開放參觀。

add Calle Mayor Baja, 1, 26370 Navarrete, La Rioja, Spain　**tel** +34 941 44 00 17

晚餐時刻必到超市報到，民生物價相對便宜。

庇護所入口大門。

10

Burgos
鄉村女孩來到都市

濕　冷下雨的天氣讓苦行的意志薄弱，決定
暢快的來一趟兩小時的公路旅行，眨眼
間來到朝聖路上的第三座大城 Burgos，並用
巴士換來的時間好好瀏覽被列入世界文化遺產
的華麗教堂。

城鎮	Navarrete（納瓦雷特鎮）→ Burgos（布哥斯）
距離	112公里
海拔	520公尺～850公尺
移動	巴士
時間	2.5小時

雷陣雨過後的大城小巷，
充滿古老優雅的歐洲風情。

10 Burgos

幾番詢問才尋到正確的巴士站。

各國朝聖者們一早在村民家的倉庫避雨。

短暫放晴的小鎮街頭。

從巴士上望出去的沿途景色，一樣美麗如畫。

隔天一早，濕冷下雨的天氣讓我們的意志軟弱，我和澳洲女孩及其他幾位不同國家的朝聖者，不約而同走向巴士站牌，互相研究確認巴士資訊。等車期間，大家因無處躲雨而顯得頗為狼狽，沒想到此時有一位當地居民打開她寬敞的自家倉庫，邀請我們進去避雨。西班牙濃濃的人情味時刻在感動我。

沒多久巴士抵達，大家紛紛上車，原本我打算坐到距離較近的小鎮 Belorado（貝洛拉多），但澳洲女孩說她想去較遠的大城市 Burgos（布哥斯）比較好玩，經過一陣猶豫後我決定順從。

約莫兩個半小時我們抵達目的地，開始尋找庇護所，在城區走了大概20分鐘來到河畔的庇護所 Albergue Casa de Peregrino Emaus，沒想到竟經歷了第一次也是唯一一次被拒絕。工作人員笑著說要看我們的朝聖護照，原來她要確保床位留給當天徒步過來的朝聖者。我說理解沒關係。她推薦我們去住另一間更大的公立庇護所。謝過她以後，我們趕快羞愧地離開，一邊覺得被拒絕似乎很傷心，一邊又覺得這樣很公平。

Burgos 大教堂內部，空間風格與裝飾華麗宏偉。

鄰近大教堂的公立庇護所，可容納150位客人。

房間內一景，每個人都有一個專屬的置物櫃。

　　接著來到今天的住處，就在 Burgos 大教堂旁邊，地理位置絕佳的公立庇護所，這次沒有被拒絕。登記入住，我們的床位在四樓，空間巨大無比，且維持得很乾淨，整裝後我們便出門遊覽觀光。

　　在陣雨中我們逛過附近的街區廣場與小巷，每一個角落都古色古香，讓人喜愛，不免俗地也來到女生需要的美妝店和紀念品店，小小購買了一點重量輕的物品。傍晚時分，走到不能忽視的 Burgos 大教堂，這座始建於1221年，被列入世界文化遺產的哥德式建築，裡裡外外都有讓人驚歎的雄偉與優美的線條。

⚜ Burgos住宿推薦

Albergue Municipal de Peregrinos de Burgos

鄰近大教堂，有150個床位，空間寬敞乾淨，每個床位區域有獨立洗手檯。

add Calle de Fernán González, 28, 09003 Burgos, Spain

tel +34 947 46 09 22

price 6€　**open** 全年

Albergue Casa de Peregrino Emaus

鄰近河邊，乾淨友善，有一座漂亮小教堂，20個床位，僅限徒步抵達的朝聖者入住。

add 31bis, Calle San Pedro de Cardeña, 09002 Burgos, Spain

tel +34 947 252 851、947 205 363

price 5€＋自由捐獻晚餐和早餐

open 復活節到11月1日

教堂周邊區域各類餐廳與商店林立。

市區廣場面積極大，偶爾可見當地小孩在此遊戲玩耍。

布哥斯主教座堂 Catedral de Burgos

　　西班牙唯一一座單獨列入世界遺產的教堂，供奉聖母，以規模龐大和獨特的建築而聞名。始建於1221年，總建造工程長達200年，尖塔部份建築完成於1567年，1984年被聯合國教科文組織列為世界遺產。

add Plaza de Santa María, s/n, 09003 Burgos, Spain

　　滿足地參觀完教堂，便到附近餐廳覓食。我們談起這趟朝聖計劃的前後，澳洲女孩的心已經飛離一半，路途的艱巨顯然都超出我們的預料，她打算將來有機會再回來走。我說要是我穿對一雙厚底防水的鞋子，還有第一天翻山不要遇到恐怖的大風雨，也許就不需要巴士。

　　晚上在庇護所門口，遇到幾位活潑的韓國男孩，他們想搭車跳過明後幾天的行程，熱情邀我一起，因為他們覺得這段景色類似「很無聊」。但那恰巧是我最喜愛的路段，我不願意錯過，已經暫定明天20公里的徒步行程。

11

Hornillos del Camino
到風景如畫的山谷隱居

從 Burgos 開始到 León 之間的路途,有一段長約180公里的梅塞塔高原(Meseta Central),幾乎全是一望無際的山谷曠野,道路兩旁只見綿延的麥田、山丘與清亮的天空,在這裡找到我心嚮往的、最純淨的天地與自然的力量。

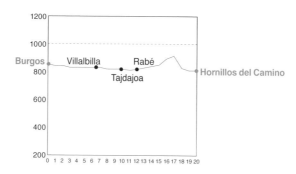

城鎮 Burgos(布哥斯)→ Hornillos del Camino(奧爾尼略斯德爾卡米諾)

距離 20公里

海拔 820公尺～900公尺

移動 徒步

時間 6.5小時

高原裡與世無爭的寧靜村落，
環繞著寬廣田野與山丘，是隱士的樂園。

昨晚韓國男孩欲搭車跳過的、說是「很無聊」的景色，對我而言恰是朝聖路上的「精華」。

從 Burgos 舊城區循著扇貝標誌與黃箭頭出發，來到大段平坦的鄉野沙土路，沿途寬闊的綠野草原和黃色麥田，交織成一幅賞心悅目的自然風光。這一天難得的天氣不冷不熱，意外而來的小確幸，讓我們走得非常舒服。

鄰近高原上的第一個主要村莊 Hornillos del Camino，是一片原始的純

相對平坦的路況與恰好的天氣減緩徒步過程的艱辛。

淨天地，幾乎讓我感動的荒原景色，彷彿無言可訴，一個人踽踽獨行其中，在無限遼闊中延伸出一種悲壯感，然而這份情緒的基底卻是喜樂滿足。

　　20公里後膝痛感漸強，此時剛好走到 Hornillos del Camino，一個總人口只有69人的迷你村落，幾棟石頭民居靜靜佇立在道路兩旁，我瘋狂愛上了這份寧靜，內心覺得富足到不知所以，有一種依戀的情感產生，不捨得離開這裡。

不時可見滿是風塵與歲月感的朝
聖標誌。

遼闊的山谷平原讓心裡感受豐盛。

　　決定就在村口第一間家庭式庇護所住下。西班牙老闆帶我到樓上參觀，
安排我住在一個有玻璃屋頂的閣樓房間，突如而來的高級感讓我措手不
及，老闆說他之後不接客人，就讓我一個人住那一間，幸福來得太突然。

　　之後我開始準備梳洗，發現一件尷尬的事，急急跑去樓下問老闆：「請問
我這個房間沒有門嗎？」老闆笑說：「是呀，不過你如果住一般大通舖房間
也沒有門啊。」我說：「明白了。」雖然他說的也有道理，但還是覺得這個狀
況很好笑，一邊走回樓上繼續整裝，走廊旁有幾間獨立房間住著騎單車的
客人，我的床尾空間就是另一個男生朝聖者房間的門口，他每次出入都會
看到我。隔天早上我聽到他剛開門又急急關上說一聲：「Sorry」，因為我正
背對著在換衣服，幸好已經穿好了背心，所以他什麼都沒看到，就對他笑
說：「沒關係，早安。」

座落在荒野深處的小村莊映入眼簾，有種回到人間的欣喜。

不論是什麼路況，只能不猶豫地一步步走過。

朝聖帶來的各種現象與故事已在當地形成一個鮮明文化。

來到今晚目的地,極強的寒風與蕭瑟中有種詩意。

🐚Hornillos del Camino住宿推薦

Hostel De Sol A Sol

家庭式溫馨空間,乾淨整潔,有戶外庭院與曬衣場。有大通舖與獨立房間可以選擇。

add Calle Cantarranas, 7, 09230 Hornillos del Camino, Burgos, Spain
tel +34 649 87 60 91
price 12€起(含早餐)
open 可預約詢問

Albergue Hornillos Meeting Point

就在村子入口De Sol A Sol隔壁,乾淨友善,有戶外庭院,可選購朝聖者晚餐。

add 09230 Hornillos del Camino, Burgos, Spain
tel +34 608 11 35 99
price 10€
open 3月1日至10月31日
web www.hornillosmeetingpoint.com

純樸的民宅,有鮮花裝飾的生活風格讓人喜歡不已。

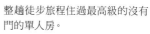
整趟徒步旅程住過最高級的沒有門的單人房。

總人口69人、只需10分鐘就能逛完的迷你村落。

　　整裝後我到樓下浴室準備洗澡洗衣，老闆正打算離開，還請我吃了兩片西瓜，他本人就住在開車約40分鐘的另一個村莊，且13年前他領養了一個華人小女孩，所以也能說幾個中文單字，我就跟他復習了「再見」。

　　梳洗後我到屋外逛了一圈，村子小到只需10分鐘就能走到盡頭，民居石頭牆面看起來樸實又整潔，裝飾著各種鮮花植栽，我幾乎願意一輩子住在這裡。

　　回頭我又散步去村莊入口，望向剛才的來時路，山坡田野如仙境一般翠綠盎然，但若要說唯一的缺點就是曠野上的巨風強勁，輕易能把戶外露台上的地圖吹走，並且就在明天將讓我感受到高原嚴寒的威力。

12

Castrojeriz
嚴寒前方，只有絕對的孤獨

⬤高 原曠野的嚴寒威力在今天感受得淋漓盡致，萬沒料到6月的氣候能夠冷到必須穿厚重羽絨服的程度。在呼嘯寒風中一路發抖走到 Castrojeriz，沿途景色同樣蒼茫得無邊無際，抬眼望去，前方只有絕對的孤獨。

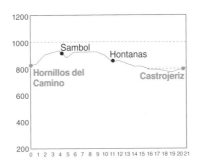

城鎮 Hornillos del Camino（奧爾尼略斯德爾卡米諾）→ Castrojeriz（卡斯楚赫里斯）

距離 20.5公里	
海拔 810公尺～920公尺	
移動 徒步	
時間 6小時	

倘若能夠禦寒，值得放慢腳步，
細細領略荒原曠野的自然饗宴。

山谷溫差極大，6月的氣候
早晚仍可冷到5～6度。

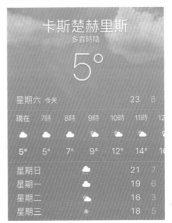

偶爾在岔路處出現的路線標誌與住宿資訊看板。

無邊無際的田園綠野，是沿途走來最常見的景觀。

漫漫長路只有一人獨行，有種必須更堅強的悲壯感。

清晨在5度低溫中醒來，簡單吃過早餐後便興致勃勃出發。出村不久即是一段陰冷的山坡小徑，天空中烏雲不時聚集，隨時擔心會下雨，而沒料到的是，山谷寒風越走到後面越強勁，沒帶冬衣的我，儘管已穿上了所有衣服，還是冷得刺骨，怎麼蜷縮身體依然抗拒不了寒冷，只能一邊哆嗦一邊用最快的步速前進。

連續走在10公里無遮蔽的曠野，就像第一天的庇里牛斯山一般，幸好只有強風而沒有下雨，已經足以感恩。在某處寂靜的荒原小徑，一位年長的朝聖者男士經過我身邊，問道：「你是不是有東西掉在後面？」我一驚檢查，發現是綁在背包後的一雙拖鞋被風吹走了，自己卻毫無感覺。

「是的，謝謝你告訴我，請問你知道掉在哪裡嗎？」

「大概在後面1公里左右？」

「知道了，謝謝你。」

我猶豫著要不要回頭去撿，可是這樣來回至少要多走2公里，大概三秒鐘後我就決定放棄，不管它了，請原諒我心有餘而力不足。

繼續迎著風專注前進，一心只想快點離開這段寒冷區域，同時又非常想上廁所，好不容易觀察到前方似乎有一個隱密的山坡角落，正欣喜地全力衝刺，沒想到轉個彎，看到一個陌生阿伯正坐在那塊理想石頭上吃三明治，我只好裝作若無其事走過，一邊覺得身體快要支持不住，又冷又想上廁所，後來終於在某處成功釋放。忍無可忍時必須在野外想辦法解決，但對女生來說尤其不方便，頻繁的忍尿仍是朝聖路上的日常，也是我覺得除了庇護所夜裡打鼾聲之外最痛苦的部份。

終於似乎快到前方一個小村莊了，希望燃起，又走得更快，此時有幾位騎單車的朝聖者們經過，其中一個阿姨遞給我一包眼熟的東西，天啊，是我的拖鞋！我驚訝：「謝謝你！你怎麼知道這是我的？」阿姨笑一下點點頭，我不知道她是哪國人，就說了三種語言的謝謝，猜測她是拾起後沿路詢問，最後送到我手中，沒多久在前面的村莊看到她也停下來休息，再次對她點頭致意。

休息後繼續穿越漫漫山徑與柏油路，幾處綠野中夾雜著整片盛放的紅花，讓我不禁想起《神鵰俠侶》中楊過命名的龍女花，看起來外形那麼相似，如畫般的風景美得無可挑剔。

盛放的路邊紅花。

途中經過村莊，短暫休息後繼續往下一城出發。

坐在戶外餐廳有種深刻幸福感，可以放鬆休息，還能舒服地上廁所。

發現有人煙的場所，用飛快的速度奔向前方。

遠看歷史古鎮 Castrojeríz，美侖美奐，也因為將抵達目的地而幾乎要喜極而泣。

12 *Castrojeriz*

🐚Castrojeriz住宿推薦

Albergue Castrojeriz ORION

韓國人開設經營,員工友善,戶外可曬衣,公共庭院寬敞。
add Camino Trascastillo, 4-20, 09110 Castrojeriz, Burgos, Spain
tel +34 649 48 16 09
price 12€含早餐,可選購晚餐10€
open 2月1日至11月30日

Albergue Rosalia

有30個床位,環境乾淨,單人床格局比上下舖更舒適。設備齊全,可選購早餐。
add Calle Cordón, 2, 09110 Castrojeriz, Burgos, Spain
tel +34 947 373 714
price 10€
open 4月1日至10月31日

Castrojeriz景點

城堡廢墟遺址
Castillo de Castrojeriz

位在山坡上的視野高點,景色壯麗,能觀賞極美的日出與日落,若體力有餘值得來探訪,距離鎮中心徒步約需30分鐘。

庇護所內寬敞的公共庭院兼曬衣場。

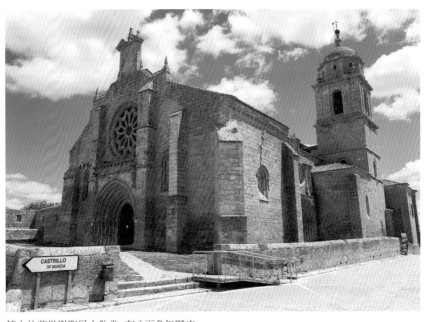

鎮上的蘋果樹聖母大教堂,有八百多年歷史。

很快我們走到有一千多年歷史的古鎮 Castrojeríz（卡斯楚赫里斯），午後寧靜的街上顯得慵懶並且舒適。鎮中心有一座漂亮的蘋果樹聖母大教堂（Iglesia de SantaMaríadel Manzano），始造於1214年的建築，每一處都散發出歲月累積的歷史況味。

沿著教堂步行不遠，就來到今天下榻處，一間由韓國移民經營的庇護所Albergue Castrojeriz ORION，今天也住著許多韓國朝聖者。在朝聖路上韓國人數量很多，一方面可能由於宗教因素，另一方面有許多相關電視節目在韓國播出，比如2019年播出的真人秀節目《西班牙寄宿》，取景地就在朝聖路上的比耶爾索自由鎮（Villafranca del Bierzo），節目中實境經營庇護所10天，播出後大受歡迎，也吸引更多韓國人前來。

今晚我也預定了庇護所提供的韓式拌飯晚餐，並在庭院悠閒地休息。兩天走40公里後左膝開始痛感加劇，但程度還可以忍受，沿途所見讓我覺得無限滿足。當晚有人問我：「你這趟旅程想尋找什麼？吃苦嗎？」我說除了像昨天和今天這樣的風景外並沒有特別要找什麼，只是想接觸多一點地球版圖，因為直到走過更多地方、見過更多事物，你不能說你了解這個世界。

今晚入住韓國人開設的庇護所。

預定的韓式晚餐十分美味，但對飢餓的人來說份量稍微不足。

13

Frómista
Meseta荒野高原，
走過夢中憧憬的天地

當初吸引我來走朝聖之路的原因，僅僅是因為一幅遼闊的荒野畫面，今天我走過了這個場景，它就位在 Castrojeriz 與 Itero de la Vega 之間，陽光伴隨著幾公里長路，寂靜天地中只有無邊無際的荒野與山丘，以及寥寥幾個朝聖者的背影。

城鎮	Castrojeriz（卡斯楚赫里斯） → Frómista（夫羅米斯塔）
距離	26公里
海拔	800公尺〜900公尺
移動	徒步
時間	8小時

烈陽微風下的遼闊高原，
只有腳踩過土石路的簌簌聲響。

從高處望下的山谷景色，有來自自然大方的禮物。

經過昨天意外的嚴寒折磨，今天我穿上了背包裡的所有背心、T恤，全副武裝後出發。幸好沿途只有微風，並不太冷，沒多久眼前出現一座小山峰 Alto Mostelares，很認命地遇山就爬，儘管走得氣喘吁吁，但從山腰高處望去，眼前廣闊的自然風光令人驚喜，足以寬慰所有辛勞。

在山頂一邊欣賞景色一邊略作休息，一對來自美國加州的中年夫妻跟我打招呼，我說感謝上帝，真高興遇到講英文的人（因為當地西班牙人大多不

講英文），他們笑起來，原來他們是為了慶祝結婚週年而來，感覺很幸福。
當他們知道我的職業後就問：「那你會寫朝聖路上的故事嗎？」我說：「現
在還不知道，但應該會吧。」

　　告別了美國夫婦後繼續迎向無盡長路，置身在一望無際的遼闊高原，走
著走著豁然出現當初那片吸引我而來的場景，想起蔣勳書中所寫的「天地
有大美而不言」，正是眼前這片遼闊荒原給我的感受。心中想要欣喜地跳

躍，然而步伐仍不停，也不擔心會錯過這片景色，因為它將持續好幾公里，直到兩小時後才會抵達途中小鎮 Itero de la Vega。

　　一路滿足又疲憊地走著，陽光炙熱，而身旁景色確實如有些朝聖者所說非常相似，但並不覺得無聊，因為那裡有我喜愛的荒涼美麗。

　　將近下午兩點來到小鎮 Boadilla del Camino，思考著要住在這裡還是繼續走到6公里外的大鎮 Frómista（夫羅米斯塔），此時我的腳板和膝蓋已經很痛，但或許是荒原美景激起了我的豪情，想著「那就讓腳再痛一點吧」，於是毅然起身上路。

　　豪情沸騰不一會兒後，立刻被忐忑的感覺取代，因為在陰冷的天色中前後路途只有我一個人，疑心著自己有走錯路嗎？努力尋找讓人安心的 Camino 扇貝標誌與黃箭頭，沒多久路徑旁出現 Canal de Castilla 運河，景色寬廣優美，但在一片寂靜中我只渴望能看到任何一個路人也好，可見我還沒有準備好做個徹底遠離人煙的隱士。

約莫中午經過小鎮，已經步履緩慢。

在坡頂略作休息，拍照時不忘跟其他朝聖者打招呼。

一直走，似乎會走向天際。

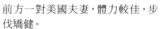

走向 Frómista 的六公里路途，身旁都是類似這樣的風光。

Frómista 屬於中型城鎮，但一樣靜謐，沒有過多的喧嘩。

位在教堂旁的公立庇護所，房間床位多，並有寬敞庭院。

每個村鎮幾乎都有大小規模不同的教堂，若有體力可進去參觀。

今晚很幸運被安排住在窗邊的床位，頭不會撞到上層隔板。

　　一邊安撫自己：「別怕，6公里沒有很遠，很快就到。」一邊聽著音樂獨行，大約4公里後，陸續有其他朝聖者追上，可見方向正確。一見同伴膽子就大起來，但是腳痛讓我走得一拐一拐，一位美國大叔經過身邊，鼓勵著說：「You can do it. You are a brave girl.」（你能做到的，你是勇敢的女孩！）我振作著微笑回答：「Thank you, Buen Camino」。

　　抵達 Frómista 時間是下午四點，氣力再次枯竭。陽光慵懶的午後街上人煙稀少，到處都顯得乾淨整潔，穿過一處餐廳林立的小廣場，不久看見西班牙早期的羅馬風格建築──一棟建於11世紀的聖馬丁教堂（San Martín de Tours de Frómista）。幸喜位在教堂旁的公立庇護所尚未客滿，立刻登記入住，之後便開始例行的洗澡洗衣，再走去附近的超市購買晚餐。身體很累，但精神大滿足，並且決定犒賞自己，明天來趟公路旅行吧。

14

León
坐公車並不可恥，
如果會說西班牙文多好

㊖ 聖路上的第四座美麗大城 León，自
Frómista 徒步而來需要五天，在中世紀
時曾是萊昂王國的首都，結合了現代與古代的
雙重樣貌，市內的哥德式教堂與許多歷史建築
都值得順道遊覽，而最讓我依戀的，卻是溫暖
親切的人情味。

城鎮	Frómista（夫羅米斯塔）→ León（萊昂）
距離	116公里
海拔	800公尺～900公尺
移動	火車
時間	2小時

有故事的中世紀古城，經歷時代更迭，
作為現代朝聖者的必訪地點，依然精彩。

轉搭兩趟火車前往目的地，若不確定月台資訊可詢
問車站工作人員。

記得有次在庇護所內和其他朝聖者聊起搭巴士的經驗，有一位女性
說：「It's nothing shame.」（沒有什麼好可恥的）我想確實如此，如
果路上因為身體因素或者任何原因想搭巴士，那就搭吧，朝聖之路是屬於
自己的旅程，沒有外在的規範或約束，用自己能做到的方式去完成即可。

　　早上八點離開 Frómista 庇護所，沒有猶豫太久就決定走向火車站，向櫃
櫃人員詢問得到交通路線，先從 Frómista 搭火車到 Palencia，再轉火車到
León。走到空盪盪的 Frómista 火車站，一個人影都沒有，遍尋不著可以
買票的地方，與我分開兩天的澳州女孩剛好打電話給我，就來車站與我會
合，一起去 León。

　　上午9點多開始有其他乘客與朝聖者陸續抵達，但我們都不知道哪裡可
以買票，火車站不見工作人員，連西班牙當地人都無法在站內那台自動售
票機找到我們需要的票，最後我們推論，應該可以上車後再買票，就這樣
冒著可能被誤會「逃票」的風險耐心等待。

沒多久火車來了，果然在車上有工作人員沿道售票，讓我們放下心中大石，票價4.15歐元，約半小時後抵達 Palencia，出站後到櫃檯購買下一趟火車票14歐元，並在預定的時間到指定月台搭車。

　　抵達 León 後隨緣找住宿，選了一間 Hostel Rua 35，意外成為全程我最喜愛的私立庇護所。沿途經過市區，見某處巷弄中人潮聚集，有人拿著頭盔

清晨的 Frómista 火車站乘客寥寥，很像電影中的荒漠旅行場景。

紀念古羅馬時期建城週年的慶祝活動。

從寂靜小鎮來到大城，有全然不同的感受。

León 街頭人氣旺盛，也是熱鬧的用餐和購物地點。

放在廚房讓客人自由免費取用的餅乾麵包。

連住三天私立庇護所，每天更換潔淨的床單被子，舒適度大為升級。

盾牌，穿著打扮像中古世紀，感覺像是什麼節慶，後來才知道，原來今天是古羅馬人創建這座城市的週年紀念日，十分幸運的我們剛好可以看到這樣的慶賀場景。

　　到了 Hostel Rua 35 報到登記，接待小姐親切可愛，有一種家庭式的溫馨，房間整潔，且上下舖隔層不會撞到頭，還提供香噴噴的乾淨被子和浴巾，讓我快要喜極而泣。但即使我這麼喜愛這個地方，也沒料到會連住三天，一切都只因為我吃了幾片醃製生火腿？

　　那是傍晚時候，我和澳州女孩在附近的超市認識另一個來自台灣的單身女性朝聖者，大家很開心在風大的街頭坐著聊天，也互相分享手上的食物，其中就包括醃製生火腿，聊完天各自回去。第二天一起床，我就感到不舒服，好像腸胃出問題，整個人虛弱得無法行動，吃了背包裡的腸胃藥後睡了一整天，仍然沒有好轉，傍晚出去附近走走，才10分鐘就沒力，感覺晃晃暈暈隨時會昏倒，立刻又走回庇護所，勉強逼自己吃了一顆蘋果後繼續睡。

悠閒散步市區街頭，彷彿已忘記朝聖旅途回到城市生活。

　　晚上10點，獨自去外面逛的澳州女孩回來了，她已經買好今晚午夜的車票要去西班牙另一個城市，正式離開她的朝聖之路，見我還躺在床上也關心詢問我的狀況，我說只能繼續躺看看明天會不會比較好。沒一會兒她整理好行裝跟我道別，稍後又收到她的簡訊，我在迷迷糊糊中有一種傷感的情緒，但我們互祝對方接下來的旅途平安愉快。

　　第二天，身體狀況似乎好了很多，雖然尚未完全復原，但有力氣去街上逛逛，瀏覽了附近的高第建築——波堤內之家（Casa de Botines），又走到知名的萊昂大教堂（Santa María de León Cathedral），當時似乎有一部份正在整修。歐州各處教堂數量之多，沿途走來看過無數，且每棟都各有特色，讓人喜愛，但我心中的第一名始終是義大利翡冷翠的聖母百花聖殿（Cattedrale di Santa Maria del Fiore）。

　　因為在 León 耽誤了時間，我決定跳過原本計劃想去的 Astorga（阿斯托爾加），直接到 Villafranca del Bierzo（比耶爾索自由鎮），晚上向庇護所老闆阿伯詢問巴士資訊，用翻譯軟體來回溝通，阿伯說他明天上午可以開車載我去車站，我開心接受，雖然他若不送我，我也能自己找到，但有人接送，是一種難得的被照顧的感覺。

萊昂大教堂 Santa María de León Cathedral

建於13世紀，1844年被列為西班牙文化遺產，是現今保存最好的哥德式建築，塔樓和飛樑精緻壯觀，教堂內擁有大面積的彩繪玻璃，絢爛迷人。

add Plaza Regla, s/n, 24003 León, Spain　　**tel** +34 987 87 57 70

病後終於有了食慾，點了一份美味熱湯，份量驚人，很像麵線。

波堤內之家入口設有建築師高第（Gaudí）的相關展覽。

親切友善的庇護所老闆阿伯，雖然不會英文但很願意與人交流。

歐洲街頭常見許多長椅，供行人稍坐休息，既貼心也美觀。

波堤內之家 Casa de Botines

知名建築師高第（Antoni Gaudí）的作品，建於19世紀末，現代主義的風格很有特色，一樓入口有高迪資訊展覽。1929年當地儲蓄銀行 CajaEspaña 買下這棟建築，在不更動原設計的情況下略作整修，做為銀行總部。

add Plaza San Marcelo, 5, 24002 León, Spain　　**tel** +34 987 35 32 47

隔天上午9點阿伯準時出現在庇護所客廳，雖然他年紀頗大但穿著打扮有型，似乎仍有年輕人的活力，讓人願意親近。

我快速在櫃檯牆上留下一張感謝的明信片後就跟他一起出門，到樓下坐上他的車，開過 León 街頭，大約十分鐘後抵達目的地。我想跟他道謝，自己下車去買票就好，但阿伯卻停好車跟我一起下來，一路陪我到站內詢問櫃檯人員，找到正確巴士，直到我把背包和登山杖放進車內置物廂為止，徹底感動了我。雖然我們語言不通，無法表達精確的情感，但我上前給他一個大大的擁抱，才說了「Adios」（再見）。

Hostel RUA 35的接待處，空間不大但人情味滿滿，像家一般的溫馨。

🐚León住宿推薦

Hostel RUA 35

員工親切，環境溫馨乾淨，每日更換床單與被子，提供浴巾，廚房點心可免費享用，全程住過最喜歡的庇護所。

add Calle la Rúa, 35, 24003 León, Spain
tel +34 687 08 45 89
price 12 €含早餐　**open** 全年

Leon Hostel

位在市中心大教堂旁邊，對面就有超市，共20個床位，設備齊全。

add Calle Ancha, 8, 3° Derecha, 24003 León, Spain
tel +34 987 07 99 07
price 12€～15€　**open** 1月1日至12月21日

Albergue Miguel Unamuno

鄰近市區大教堂旁邊，員工親切，設備齊全，共86個床位。

add C/ San Pelayo, 15 - 24003 LEÓN, Spain
tel +34 987 233 010
price 13€～18€　**open** 7月至9月中

15

Villafranca del Bierzo
童話古鎮，有人間煙火的仙境

若 一定要選一個朝聖沿途我最喜愛的小鎮，那就是比耶爾索自由鎮，不禁佩服韓國節目選址的眼光。充滿歲月感的建築與幽靜的石板路巷弄，幾乎立刻就讓人愛上，山坡上錯落著幾棟彩色房屋，不荒蕪卻也不喧嘩，宛如一個精緻的童話世界。

城鎮 León（萊昂）→ Villafranca del Bierzo（比耶爾索自由鎮）

距離 127公里

海拔 800公尺～480公尺

移動 巴士

時間 3小時

精緻恰好的小鎮規模與歲月累積的街區況味，
宛如一個遺世獨立的部落。

被韓國綜藝節目租借拍攝的庇護所，原本是一間古老的修道院。

隨緣撞見的私立庇護所，服務人員親切且英文流利，意外地讓人滿意。

心中懷著對 León 老伯和西班牙滿滿的愛，開心迎向下一站旅途，巴士開過郊區公路，轉進景色壯麗的山區，沿途停靠幾個村鎮，將近三小時後抵達 Villafranca del Bierzo。

因為不小心坐到了慢車，我一下車就立刻尋找洗手間，一邊心裡感歎：「天啊，鎮上的巷弄好漂亮啊！」一邊目光急尋著餐廳之類的場所。終於來到一間庇護所，白色潔淨的牆前立著一塊小小的招牌 Albergue Leo，走進去跟櫃檯人員打招呼，先借了洗手間再說。簡短詢問後得知還有床位，乾脆住下來，空間庭院不大但裝飾得典雅別致，是我最喜歡的庇護所前三名。

在房間內整頓好後，我展開小鎮的觀光探索之旅，來到不遠處熟悉的尼古拉斯教堂和修道院（La Iglesia-Convento de San Nicolás），這棟興建於17世紀的古老建築佔地廣闊，頗為壯觀。如今修道院已改成庇護所，由於年初冬季不營業，被韓國節目組《西班牙寄宿》租下幾天作為拍攝地，現今已恢復常態並在夏季正常營業。

Leo Albergue 的中庭空間，裝飾簡單典雅。

在鎮中心廣場點一份義大利麵當午餐。

來到一處當地居民的後院，主人熱情展現開朗的笑容。

古老的修道院建築十分搶眼，現今改為庇護所對外營業。

自從節目播出後，幾乎每位韓國朝聖者都會到訪此處，我也不免俗地來走走看看，由於我並不是住客，僅在外面庭院與修道院廊前瀏覽一番便離去。

　　接著來到旁邊的鎮中心廣場，選了一間餐廳午餐，在戶外區坐下觀看來往人潮，整個氛圍不寂靜卻也不過分喧鬧。由於朝聖之路的發展，自中世紀起比耶爾索自由鎮就陸續出現旅館和醫院等設施，從小聚落發展成一個美麗小鎮，一直深受朝聖者喜愛。

　　午後我到鎮上某處不起眼的巴士辦公室購買明天去 Sarria（薩里亞）的車票，之後便繼續在巷弄中隨意閒逛，陽光剪影中每一個角落都顯得趣意盎然。經過一處製作木雕工藝的居民前院，老闆親切開朗，大方向我展示他已完成與未完成的作品。

沿途景點

鐵十字架
La Cruz de Hierro

　　自 León 徒步走到 Villafranca del Bierzo 大約需要五天，途中會經過較具特色的小鎮 Astorga（阿斯托爾加）和 Ponferrada（蓬費拉達）等。其中包括知名的朝聖景點鐵十字架（La Cruz de Hierro），它位在 Foncebadón 至 Ponferrada 之間的路途中，全程最高點1500公尺位置，有些朝聖者會從家鄉帶一塊石頭來到此地放下，象徵放下過去一些不好的事或執念，迎向全新人生。所以山坡上可見很多小石頭。

© 顏小樹

石磚道巷弄幽靜美麗，偶有行人與車子經過。

山坡上的民宅色彩繽紛，時空氛圍顯得緩慢舒適。

🐚Villafranca del Bierzo住宿推薦

Albergue Leo

漂亮精緻的建築，空間乾淨，人員親切，提供毛毯，廚房設備齊全，共24個床位。
add Calle Ribadeo, 10, 24500 Villafranca del Bierzo, Spain
tel +34 658 04 92 44
price 10€
open 3月15日至11月30日

Albergue San Nicolas el Real

老教堂與修道院改成的庇護所，因韓國節目在此拍攝變得知名，庭院寬敞，床位數量多。
add Travesía San Nicolás, 4, 24500 Villafranca del Bierzo, Spain
tel +34 696 97 86 53
price 5€
open 2月1日至12月31日

一個人漫步街頭巷尾，感受異域點滴，十分滿足。

轉頭望向不遠處的山坡，林中錯落著幾間色彩鮮豔的房屋，生活與自然連結得如此緊密，就像前幾天我在 Hornillos del Camino 一樣，根本不捨得離開這裡。

　　晚上回到庇護所，氣溫驟冷，盛夏的6月夜晚也像台灣冬季寒流來那般，一旦離開客廳火爐走到室外就開始瑟瑟發抖。

　　今晚我住的房間雖然只睡了五個人，還有漂亮的窗台和乾淨的浴室，讓人非常滿意。然而不幸的是半夜鄰床上舖那位太太的打鼾聲堅韌持久，連大力拍手也阻止不了，讓我痛苦不堪，輾轉難眠。無法預測的打鼾聲是住在庇護所裡必須承受的最讓人害怕的部份。

隔日上午在鎮上看見的熱鬧市集，販售各種服飾物品等。

16

Sarria

霧中再出發

今天是悠哉公路旅行的最後一天，抵達 Sarria 之後回歸徒步模式，心態早早調整。自此處走到 Santiago de Compostela 共五天路程，也是朝聖路上最多人選擇的入門起點，但不論景色與氛圍都和前面的路段大不相同。

城鎮	Villafranca del Bierzo（比耶爾索自由鎮）→ Sarria（薩里亞）
距離	67公里
海拔	520公尺～420公尺
移動	巴士
時間	3小時

來到朝聖之路最熱門的起點，
在濕冷大霧中回歸徒步生活。

Villafranca del Bierzo 的郊區，在此搭巴士前往 Lugo（盧戈）中轉。

車窗外的景色一樣如詩如畫。

一位俄羅斯男孩的背包（左），和我的背包（右），面積與重量都差異巨大。

陰天中抵達 Sarria，尚未見到預期中的熱鬧景象。

上午離開親切的 Albergue Leo，走到1公里外的 Villafranca del Bierzo 城郊餐廳，也是巴士上車點。前一晚已打聽好路線，要先坐到 Lugo（盧戈），再轉巴士去 Sarria（薩里亞）。

將近中午左右，一起等車的朝聖者加上我共五位，其中一個女孩和當地居民議價後先搭他的便車走了，我們留下等待並不準時的巴士，幸好最後順利坐上車也安全抵達。

Lugo 是一個中轉大城市，也是重要交通樞紐，城中有一座保存良好總長約2公里的古羅馬城牆（Muralla Romana de Lugo），建於公元3世紀，用片岩砌成，相當壯觀，如果有時間可以順遊當地許多羅馬時期的遺蹟。我在巴士站購票後，等車的空檔只夠去附近街區小坐一下，享用一根冰棒。

鎮上偶有朝聖者穿梭其中，在沒有人打擾的街頭獨坐晚餐也很享受。

大約半小時後巴士抵達 Sarria，從車站走到庇護所途中尚未見到大量
人潮，只有零星一些朝聖者與陰天中略顯蕭瑟的氛圍，來到 Albergue San
Lazaro 登記入住，整裝後再出來享用晚餐。可惜只有我一個人，覺得這樣
寧靜悠閒的午後很適合跟三五好友談天共享。稍後到附近超市購買優格、
水果等，晚上早早就寢準備迎接明天開始的另一波挑戰。

今晚住的庇護所，至此已無法介意與陌生鄰床男子互
看睡覺姿勢。

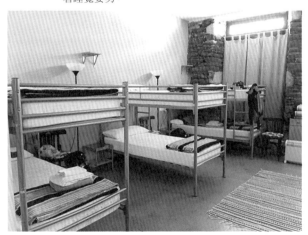

有些庇護所有露天公共庭院，可以
坐著休息喝茶或沉思或滑手機，是
我最喜歡的角落。

🐚Sarria住宿推薦

(Albergue San Lazaro)
離巴士站步行可達，宿舍房間大，中庭空
間漂亮，提供毛毯。
add Rúa San Lázaro, 7, 27600 Sarria, Lugo, Spain
tel +34 659 18 54 82　　**price** 10 €
open 4月1日至10月31日

(Albergue Casa Peltre)
地理位置好，乾淨舒適，人員友善，有一個
漂亮庭院。
add Rúa Escalinata Maior, 10, 27600 Sarria,
Lugo, Spain

tel +34 606 22 60 67
price 10€
open 3月1日至10月31日

(La Casona de Sarria)
位在車站附近的郊區，老房子全新整修，
美麗乾淨，早餐選擇豐富。
add 27600, Rúa Porvir, 50, 27600 Sarria, Lugo,
Spain
tel +34 982 53 55 56
price 10€
open 全年

17

Portomarín

拋開受苦的心情，我們是在度假

清　晨7點多在大霧寒冷中出發，一路經過許多小村莊，人煙旺盛，與前幾日連續10公里只有荒涼曠野的景況大不相同，每間沿途的 Bar 或餐廳都可以休息、裝水、吃點東西，讓我驚呼太幸福。

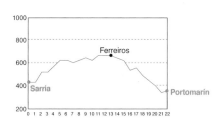

城鎮	Sarria（薩里亞）→ Portomarín（波爾托馬林）
距離	22公里
海拔	410公尺～650公尺
移動	徒步
時間	7小時

再次穿越熟悉的漫漫長路，
漸漸熱絡的氛圍開始有置身人間的感受。

17 Portomarín

約莫3公里左右即看到一個小村莊和餐廳，欣喜地進去休息並蓋章。

專注穿梭林中山道是每個朝聖者的共同節奏。

早上簡單吃過早餐，開始循著扇貝與黃箭頭標誌出發，出城不久迎來一片濃霧，讓眼前景色增添一種朦朧的獨特況味，全新面孔的朝聖者陸續經過身邊，一起走過田野與山林小徑。

第一個小鎮出現在3.9公里位置，立刻進去蓋章（自 Sarria 之後需要在朝聖護照上每天至少蓋兩個章），還有例行的上廁所、裝水，略略補充食物。

之後繼續上路，頻繁遇見的小村莊讓我感覺驚訝也慶幸，有人煙的地方不孤獨，並能適時享受文明，缺點是沿途有許多農田施肥和牛便便，味道不太好聞。

一路經過大段郊區山徑與森林小道及柏油路，路況感覺熟悉沒有太多意外。在某處小鎮出現一個很大的捐獻攤，由一對老夫妻管理，食物非常好吃，還有一間販售各種貝殼紀念品的商店，感覺很豐富，與先前路段只有大片荒野的孤寂單調不盡相同。但不管怎樣，路依然是路，腳和膝仍舊會痛。

寒冷是長路之外的另一項考驗，必備一件厚外套與大圍巾。

彩繪各式圖騰與各國國旗的貝殼紀念品，一個售價約3到5€，已成為朝聖之路的象徵。

家庭經營的食物捐獻攤，有多樣點心飲品，若有取用記得要捐獻。

位在路徑旁的餐館，人潮絡繹不絕，可以在此喝咖啡或吃飯。

親切的老闆大叔為我端上一份牛排大餐，雖然牛排很薄，但覺得美味，盤中的節瓜也很特別。

各式路況一程接著一程，氣候也時陰時晴。

大約中午時候路過一間餐廳，已有許多朝聖者在此停留休息，有的吃飯，有的喝咖啡或啤酒，人群熙熙攘攘。我感到疲累，放下背包決定發狠點一份牛排正餐坐下來好好享用，休息了約30分鐘再上路。下午2點多望見今天的目的地，前方一片白色建築的小鎮 Portomarín（波爾托馬林），入口的水庫與橋樑在陰涼的午後顯得寂靜，但隔天在晨光中會變得非常鮮活美麗。

Portomarín 舊村莊據說被洪水淹沒，新城在1962年建造，整齊有致的白色建築與街道看起來十分迷人。

我進城後開始找庇護所，先抵達的第一間已客滿，隨後走去城鎮邊緣的另一間庇護所 Casa do Marabillas，碰巧認識一位來自斯洛維尼亞的女孩 Mateja（瑪黛雅），就推薦她一起來住。今晚只有三個人住一間房，且另一位同住的德國男性朝聖者並不打呼，所以我們睡了一個平靜甜美的覺。

梳洗後出去鎮上逛逛，再去超市選購食物，朝聖過程最享受的就是傍晚這幾個小時的悠閒，除了晚餐無大事，雖然腳膝隱痛但可以忍受。

入城不久可見的城鎮招牌，有許多白色房屋顯得潔淨整齊。

位在城郊盡頭，從庇護所門口望出去的視野。

走過鎮中心的聖尼可拉斯教堂（San Nicolas de Portomarin），見旁邊正搭建一個舞台，回去詢問庇護所老闆，他說今晚9點這裡將有音樂節目表演，邀請我們參加，但我們覺得太晚，擔心明天會累所以不打算來欣賞。

庇護所老闆約莫30幾歲，是土生土長當地人，個性風趣，能用英文聊天真愉快，我立刻告訴他我有多喜歡西班牙人，你們是多麼親切友善，他謙虛笑說90%西班牙人還不錯，我說我遇到的幾乎100%，他說可能是因為我的個性也很開朗，所以西班牙人也容易對我釋放善意。

晚餐後又和 Mateja 在門口聊天，她大約30歲，能說英語和德語，因為只有幾天假期，所以她是從 Sarria 開始走。談起有一些朝聖者會在天未亮時就出發，整裝時的窸窸窣窣聲響總會吵到我們，好像很匆忙似的（我們都傾向早上更悠閒點晚些出發），她不解地說：「為什麼要把自己弄得那麼緊張，我是來度假的耶。」

稍後我拿出背包裡的明信片送她一張，她很高興，說她從來沒看過人寫中文，也是第一次認識台灣人，寫完明信片跟她解釋了字面意思，我們就擁抱，又笑了半天，讓 Portomarín 夜晚充斥著簡單純粹的快樂。

鎮上的主街道，有各類餐廳、酒吧和超市等。

Mateja 和我度過幾個小時的愉快時光。

🐚Portomarín住宿推薦

Casa do Marabillas

一間房住6個人，空間乾淨，位在山坡上，窗外可見山景，有廚房，老闆友善。
add Camiño do Monte, 3, 27170 Portomarín, Lugo, Spain
tel +34 744 45 04 25
price 12 €
open 4月1日至10月31日

Albergue Pensión Manuel

人員親切，一些食物可免費享用，空間乾淨，浴室提供沐浴用品。
add Rúa do Miño, 1, 27170 Portomarín, Lugo, Spain
tel +34 982 54 53 85
price 10 €
open 4月1日至10月31日

Palas de Rei

悠閒的傍晚和美味章魚小確幸

清　晨在和煦陽光中迎向15公里緩坡，沿路是相似的田園風光、林中小道、石橋與村莊公路交替，最喜歡的始終是途中休息或抵達目的地小鎮後的悠閒時光，而且就在今晚，期待已久的加利西亞章魚終於登場。

城鎮 Portomarín（波爾托馬林）→ Palas de Rei（帕拉斯德雷）

| **距離** 25公里 |
| **海拔** 380公尺〜700公尺 |
| **移動** 徒步 |
| **時間** 8小時 |

見路就走，
儘管前後有伴，你仍是一個人。

早上和 Mateja 一起出門，來到昨天經過的入口水庫，水中倒映著綠色林木和山坡，在晨光中顯得飄逸絕美，讓我們驚呼連連，彷彿置身在瑞士小鎮。

今天的路段前面將近8公里都沒有村莊，事先要帶夠水和乾糧。約莫一小時後 Mateja 和我因為步速不同而分開，這在朝聖路上是很自然的事，因為大家都會按照自己的節奏前進。

稍後認識另一位獨行的台灣大姐，她看到我背包上貼的小國旗而來相認，說她昨天就有看到我，以為我是韓國人，還誇我看起來很優雅，我笑說應該是狼狽吧。

一如往常專心前進，在途中村莊休息，遇到認識的朝聖者就打招呼。台灣大姐在今天的尾聲開始感到腳膝疼痛，直說想罵髒話，比她想像中累很多，我也笑著表示理解，並建議她可以選擇寄送背包，因為明天行程是最長的29公里，想必會非常辛苦。後來大姐依我的建議寄走背包，並說還好有寄，讓她輕鬆很多。

蜿蜒曲折的各種路況，周圍視野始終寬闊。

晨曦中的 Portomarín，山林與河流相映，美得無話可說。

經過小村莊，有一張長椅可稍坐一下，就感覺溫馨。

漸少的公里數標誌讓人感到欣慰與滿足。

Palas de Rei 中心街區，偶爾可見覓食的人們。

🐚Palas de Rei住宿推薦

〔Albergue Zendoira〕

一間很大的膠囊旅館，床位有隱密拉廉，廚房設備齊全，房間大住的人數多，工作人員不會英文，也有單人房選擇。

add Calle Amado Losada, 10, 27200 Palas de Rei, Lugo, Spain

tel +34 608 49 00 75

price 10 €起

open 3月1日至10月31日

〔Albergue San Marcos〕

空間潔淨寬敞，戶外有大庭院，服務人員親切。

add Travesía da Igrexa, s/n, 27200 Palas de Rei, Lugo, Spain

tel +34 982 38 07 11

price 10 €

open 4月1日至12月31日

第一次吃到水煮章魚，有豐富滋味與Q彈口感。

Palas de Rei（帕拉斯德雷）據說是一個大鎮，在8世紀時期建有堡壘，也曾有國王居住在此，但我在下午抵達時看到寬敞平坦的街上人影寥寥，只有偶爾幾輛車子駛過。

我依著 Google map 尋找今天的庇護所，是一棟床位有獨立拉簾的膠囊旅館，因為面積很大，出入必須經常上下樓梯，對已經極痠痛的腿腳都是考驗。

傍晚我出去鎮上尋找餐廳，想吃朝聖路上人們口耳相傳的特色章魚，西班牙加利西亞的道地美食「Polbo á feira」（Galician Octopus）。寧靜的街上在晚餐時段稍微可見多一點人潮，我隨緣選了一間有戶外座椅的餐廳，如願吃到期待中的章魚，一種特別的水煮料理手法，灑上一些紅胡椒、橄欖油和粗海鹽，口感鮮嫩Q彈，非常美味，後來還連續吃了好幾次。

回到庇護所，跟櫃檯人員拿了一張運送背包的信封，寫上明天的目的地並裝進3歐元費用，這是我第一次寄送背包，因為我知道明天的路途漫長，絕對不是開玩笑的。

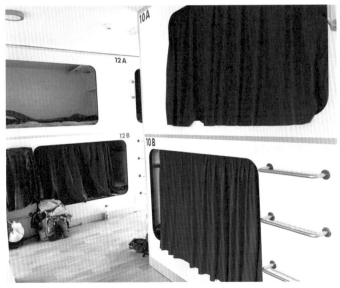

相對公立庇護所而言十分高級的膠囊旅館，房裡床位非常多。

19

Arzúa
29公里後的痛苦呢喃，
這些人都是神經病

除了第一天最辛苦的庇里牛斯山，第二累的日程就包括今天。沿途小鎮多，景色豐富多變，非常美麗，但無盡長路與陽光曝曬將耗去全部體力。也許朝聖之旅是矛盾的，因為你將一邊痛苦，一邊快樂。

城鎮 Palas de Rei（帕拉斯德雷）→
Arzúa（阿爾蘇阿）

距離 29公里

海拔 500公尺～380公尺

移動 徒步

時間 9小時

頂著陽光蹣跚前行，跳躍林中河流與木橋，
也能順道享受一點童趣。

抵達 Melide 鎮前的中世紀古橋，景色美麗，但不敢停留太久，此時才到一半路途。

今天選擇寄送背包讓我感歎自己多麼有先見之明，少了背包負荷，上午時段狀態良好，幾乎健步如飛，台灣大姐誇我「飛毛腿」。

早上在寒冷中走過林中小道、小河流與古橋，景色多樣美麗，十點後太陽高升，一路曝曬到底，飛毛腿不再，步伐開始慢下來。

中午來到大城 Melide（梅利德），入口的中世紀四孔拱橋極美。雖然已經在前一村吃過點心，但既然來到知名的 Melide 章魚餐廳，還是和台灣

大姐一起，再來吃一份吧。店內人潮洶湧，生意興隆，店員和服務生也很親切，見我拍照還作勢配合，非常可愛。

　　滿足地吃完美味章魚，繼續後半段的路途，距離遙遙超出我的預料，下午兩點多經過一間寬敞美麗的庭院 CAFÉ，幾乎想賴著不走，但短暫休息後仍起身前行。穿過許多農田與小村莊，人跡罕見，只有自己的喘息聲一路伴隨。腳步沉重時忍不住在心裡碎唸：「這些人是發瘋嗎？為什麼我們要

這麼辛苦來『走路』？」

抵達 Arzúa（阿爾蘇阿）時眼淚快掉下來，已是9小時後的傍晚5點10分。到庇護所報到，面無表情聆聽接待小姐介紹環境（因為累到笑不出來），她不停自顧自說著西班牙文，彷彿我能聽懂似的，頓時很想發火：「好歹你也是從事接待國際旅客的工作，能說幾句英文嗎？」但我忍住了，不要因為疲憊而遷怒別人，所以禮貌地對她說 Gracias（謝謝）！她很開心回答De nada（不客氣）。

接著我開始艱難地梳洗，戶外庭院分別坐著兩三個朝聖者男女，其中就有後來熟識的德國人 Michel（米歇爾）。但我當時沒什麼留意，忙著來回曬衣服，終於忙完後自己也去庭院坐下休息拉筋，感覺舒服一些，還跑去Michel 桌旁跟他借煙灰缸，沒一會兒他又來借回去。

傍晚7點多我到鎮上小逛10分鐘，發現星期天所有超市關門，就回來庇護所附設的餐廳準備吃飯，一個人在戶外用餐區坐下，此時 Michel 不知

即將穿過 Melide，朝聖途中的另一座大城。

經過許多村莊與田園，偶見牛羊，人煙稀少。

疲倦與紫外線阻擋不了前進的意志。

大約20公里後走進路邊一間 CAFÉ，已近乎奄奄一息，休息10分鐘後繼續。

TIPS

有些朝聖者會停留在 Melide（梅利德）住宿，把一天日程分為兩天行走，比較輕鬆。

晚餐的雞胸肉套餐，還有附飲料與甜品，物美價廉。

終於到了 Arzúa，想要慶賀，但沒有力氣。

🐚Arzúa住宿推薦

（Albergue Ultreia）

設備完善，浴廁空間乾淨，提供吹風機，戶外庭院可曬衣，共39個床位。

add Rua Lugo Numero 126 Bajo, 15810 Arzúa, Spain

tel +34 981 500 471

price 10€，可加購朝聖者晚餐7€～10€

open 全年

（Albergue San Francisco en Arzúa）

設計良好，人員親切，有置物櫃，浴室乾淨明亮，有單人房與雙人房選擇。

add Rúa do Carme, 7, 15810 Arzúa, A Coruña, Spain

tel +34 881 97 93 04

price 14€起

open 全年

Pulpería A Garnacha

Melide（梅利德）知名的水煮章魚餐廳，門口有幾大桶章魚正在煮著，店員手法熟練，剪切後盛裝在圓木盤，灑上一些粗鹽與西班牙紅椒粉以及橄欖油，口感Q彈美味，可搭配紅酒或醮麵包食用。附近還有另一間老字號章魚餐廳「Pulpería Ezequiel」，都在 Melide。單點一份10歐元起。

Add Camino Viejo de Santiago N 2, 15800 Melide, Spain

Tel +34 605 88 32 68

從何處冒出，手拿一杯紅酒走過來直接就坐在我的對面，我驚訝了一下，心想：「這位大哥我有說願意讓你一起坐嗎？」但大部份朝聖者彼此之間都很友善，我也覺得無妨，就從 Hello 開始對話。他來自德國，住在科隆與法蘭克福的中間，只有9天假期，也是從 Sarria 開始走，聊著聊著好像欲罷不能，幾乎停不下來。

吃完飯我和 Michel 移動到後面庭院，繼續聊著，直到要去睡覺前，互相留了聯絡方式。他今年34歲，半年前剛和青梅竹馬交往多年的前妻離婚，看來這趟是他的心靈療傷之旅。朝聖路上人來人往，萍水相逢又隨緣告別是常態，本不覺得這次相遇有什麼不同，但我和 Michel 之間似乎有一種奇怪的感覺在流動。

互道晚安後我們去休息，第二天早上我剛起床又在庭院遇到他，見我在手機上挑選今晚的庇護所，他湊過來說今晚他就住這一間，原來他在出發前已經訂好沿途所有住宿處，說這是德國人的嚴謹習性，他也具備。我來回看了一下，大約10秒後決定那就訂這一間吧，因為他訂之前一定有做過功課，表示那裡應該不錯，並且有認識的人同住，可以聊聊天也很好。

庭院地上的朝聖標誌。

Ultreia 庭護所的戶外庭院休息區，旁邊也有曬衣空間。

20

O Pedrouzo（Arca do Pino）

傳說中的Camino Love，是愛情嗎？

朝 聖之路進入倒數階段，O Pedrouzo 小鎮並不特別驚人或雄偉，實際上相當平凡，但成為記憶中快樂幸福的停駐點，是因為涼爽的氣候和平坦的路途讓行走變得輕鬆，還是因為意外而至的小心動讓一切變得愉快？

城鎮	Arzúa（阿爾蘇阿）→ O Pedrouzo（培德若佐）
距離	20公里
海拔	380公尺～300公尺
移動	徒步
時間	6小時

涼爽的氣候中輕裝前行，
終於不再艱苦而增強了笑意。

20 O Pedrouzo (Arca do Pino)

一早從 Arzúa 鎮上出發，享受一天不冷也不熱的完美溫度。

自從昨天嚐過寄走背包的甜頭後，立刻上癮「回不去了」，今天依然把背包留在庇護所內，附上3歐元請他們送到下一站。

同時讓我回想起最初幾天的艱難路途，倘若我從第一天開始就寄送背包，會不會讓我走得比較輕鬆？讓腳和膝不那麼痛，而不需要在中間路段搭巴士？

已經發生的事無法重來，但我相信少了背包絕對會大大減輕身體負擔，提高全程徒步的成功率。但也有人說，這樣就不是真正的 Camino，因為嚴格說來這有作弊嫌疑。但這又回到問題的根源，朝聖之路是屬於自己的旅程，無需跟別人競賽，自己選擇的方式，就是最好的方式。

少了背包負荷，又遇到全程最好的一次不冷也不熱的天氣，讓我走得非常自在，完全沒有累到想流淚的感覺。路況相對平坦而最重要是天氣涼爽，多數時候一樣走在森林小徑，跨過小橋流水與田園公路。抵達 O Pedrouzo 鎮前差點錯過入口，沿著標誌多走了100公尺才驚覺錯過，又折返回來，可見我難得的身體還不累，也是少數日子抵達庇護所時尚未筋疲力盡，並且時間才下午2點。

當體力能夠遊刃有餘的時候，路途的點滴更能細細體會。

路線上經過大片森林與參天樹木。

陰涼中抵達今天目的地，安靜低調的小鎮。

因為擔心增加背包重量,直到此刻才敢購買一些小紀念品。

今晚住的庇護所,有著豪華度假村般的規模。

山坡上寬敞的庭院空間非常舒適。

Michel 選擇的這間庇護所果然沒讓我失望，佔地寬廣，從入口望去會以為是高級度假村，戶外面積極大的公共休息區放置著許多桌椅，整體感覺非常舒適。

剛抵達入口，就迎面撞見 Michel，他步速較快更早抵達，此時正準備去小商店購買盥洗用品，我們打了招呼後就各自去忙碌梳洗。

稍後在街上的戶外咖啡廳遇到 Michel 和其他幾位朝聖者，其中包括來自墨西哥的 David，大家閒聊幾句後散去，打算晚餐時再聚。之後 Michel 和我形影不離，我去隔壁商店購買紀念品，他也陪我去，回到庇護所我們又在公共庭院聊天，除了各自去睡覺外就沒分開過。

晚上托 Michel 的福，一起去和 David 及一對美國人父子晚餐，據說是鎮上一間頗受好評的炭烤牛排餐廳，距離庇護所僅五分鐘步程，名字叫「Parrillada Regueiro」，果然非常豪邁且美味，我們五個人吃掉三大盤牛排，還有沙拉和成山的薯條。一邊喝著紅酒，席間相談甚歡，有著白鬍子的美國人父親來過 Camino 七次，這次帶著44歲的兒子一起同行，最後還由他買單請客。

來自四個不同國家的朝聖者相聚晚餐，共度一段輕鬆愉悅的時光。

🐚O Pedrouzo住宿推薦

Albergue Mirador de Pedrouzo

位在城鎮入口不遠，彷彿度假村一般的寬敞公共庭院空間，環境乾淨，提供毛毯，可預約各種房型，共50個床位。

add Av. Lugo, S/N, 15823 O Pedrouzo, C, Spain

tel +34 686 87 12 15

price 13€～15€

open 全年

位在陽台旁乾淨的床位還附有毛毯，一樣苦於面對的是晚上的打鼾聲。

O Pedrouzo餐廳推薦

Restaurante Parrillada Regueiro

位在 O Pedrouzo 鎮中心的路旁，炭烤牛排十分豪邁美味。

add Avenida Santiago, 35, 15821 O Pedrouzo, A Coruña, Spain　**tel** +34 981 51 11 09

吃完飯到了晚上10點大家還意猶未盡，在餐廳門口繼續喝著紅酒，又有其他朝聖者陸續走過來加入我們，他們來自美國、加拿大、韓國、塞爾維亞等。真正只有在 Camino 才能出現的無國界聚會，儘管每個人在自己的國家原本的生活中，都扮演著各自不同的角色與身分，但是在這裡，似乎都願意化身為單純的朝聖者。

　　談起明天即將抵達聖地亞哥——徒步的終點——大家在欣喜中也有著失落，笑容背後各自藏著一些複雜情緒，我明白，因為我也是這樣。

　　雖然不捨得結束這樣的夜晚，但到了必須休息的時間，Michel 和我走回庇護所，經過整天的相處，我們的關係似乎親近了一些，奇怪的感覺又加強了一些。說聲晚安後我踏上階梯（我住二樓，他住一樓），他卻站著不動，張了張手臂想要擁抱，我立刻感到害羞，但覺得他那樣躊躇的樣子很可愛，就給他一個大方的晚安擁抱吧。

　　回到房間 Michel 又傳訊息來，邀請我明天再跟他同住，並且我們明天還會一起走去聖地亞哥。出發前我曾聽過一些朝聖路上單身男女相遇的故事，稱作「Camino Love」，有人因此認識而結婚，還把生下的孩子取名為「Santiago」，但更多的例子或許是因為距離，最後大多迎來傷心的結局。Michel 和我會比較幸運嗎？我很懷疑，但現在不是能思考這些的時候。

O Pedrouzo 街上景色，商店與餐廳超市均不缺乏。

Santiago de Compostela

雨中的笑顏,慶賀是溫柔的

徒步的最後一天,萬萬沒想到的是,儘管我不是虔誠的天主教徒,對朝聖之路也沒有除了健行以外的過多期待,但在最後一公里處,突然一股強烈的感動湧上,覺得即將熱淚盈眶,到底是一種什麼樣的神奇力量,將來有一天我們會明白。

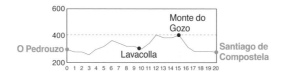

城鎮 O Pedrouzo(培德若佐)→ Santiago de Compostela(聖地亞哥德孔波斯特拉)

距離	20公里
海拔	300公尺～400公尺
移動	徒步
時間	7小時

神奇感動的力量在終點前浮現，
千年聖城有滿溢的溫暖和友愛。

在時雨時陰的氣候中逐漸邁向終點。

與 Michel 結伴同行，路上有一種短暫的可以依賴的安全感。

第二天早上，不期而至的大雨讓大家徘徊在庇護所門口，跺著腳思考該怎麼應對。我到櫃檯處第三次選擇寄走背包，並拿出輕薄的小飛俠雨衣，8點左右見雨稍停立刻出發。

Michel 在路線必經的附近餐廳吃早餐，此時正在窗內和我揮手，我們就一起上路。以他的體力可以走得更快，但他還是配合我的速度，今天也是我徒步以來唯一一天全程有人同行。

一路走走停停，雨也下得斷斷續續，在村莊休息午餐，遇到昨晚見過的朝聖者，大家開心打招呼，見我和 Michel 同行，有人眼中閃過驚訝的神色，也有不認識的朝聖者在我去洗手間的時候偷偷問 Michel：「她是你女朋友嗎？」

途中來到一間名叫「Kilometro 15」的 Bar，代表此處距離 Santiago de Compostela 還有15公里，但我沒來得及細想什麼，因為仍要專注眼前路途。午後雨勢漸強，但不得不低著頭繼續前進，直到 Michel 說：「我們只剩一公里就到。」我抬起頭來，一種迷濛的感動湧上心頭，沒來由的非常想哭，覺得眼淚已聚集，隨時能奪眶而出。

帶著這樣百感交集的激動心情，一路穿越濕滑的古城小巷，終於我們來到了聖地，徒步的終點──Santiago de Compostela 的大教堂！

雨中的教堂前廣場不見一圈一圈興奮圍坐的朝聖者們，只有快步撐傘經過的人，我和 Michel 來到對面長廊下，一邊望著眼前雄偉的教堂一邊躲雨。此刻歡喜的感覺充滿我的身心，唯一的慶賀舉動只是擁抱身旁的 Michel，朝聖路上所有的疼痛或辛苦忍耐，都已散去無形。

陽光終於露臉一會兒，很快我們就會想念這扇貝與黃箭頭。

倒數15公里處的路邊小餐館。

©顏小樹

成千上萬的朝聖者的目的地，古老的聖地亞哥主教堂。

朝聖證書與朝聖者辦公室 Pilgrim's Reception Office

抵達終點 Santiago de Compostela 後，徒步超過100公里（或騎單車超過200公里）以上的朝聖者，可以憑著朝聖護照到附近的官方辦公室領取朝聖證書。（詳情可洽本書P.15）

add Rua Carretas, no33 15705 Santiago de Compostela, Spain

tel +34 981 568 846

web oficinadelperegrino.com/en

time 每日10:00～18:00，每年聖誕節12月25日和元旦1月1日不開放。

態度親切且有著漂亮字跡的官方人員為我寫上有公里數的證書。

多處封鎖的區域難以穿行，又因為提著行李太重，僅小逛一會兒便離開。

整修中的教堂只有小部份開放，我進內點燃兩支蠟燭祈福。

放晴的傍晚我們再次來到教堂前廣場，開心拍照瀏覽。（左：David，中：我，右：Michel）

在雨中略作停留拍照後，我們就去找附近的官方辦公室準備領取朝聖證書，沒想到人滿為患，已經排了差不多100公尺的長隊（自2022年後改為現場掃描 QR Code，領取號碼牌依序受理，就不需要現場排隊），Michel不打算拿證書，他甚至沒準備朝聖護照和沿途蓋章，所以他陪我到此後就先去住宿處，我留下等待。

大約排隊一小時後，我遞上朝聖護照，官方人員的親切與耐心再次感動我，首先溫和地問：「從哪裡開始走的？」

答：「Saint Jean Pied de Port，」但立刻補充：「中間有些路段搭巴士了。」

原本我只期待拿一張 Sarria 之後的115公里證書作為紀念，沒想到官方人員說可以幫我計算前面的路途，扣掉巴士之外走了多少公里，於是告訴他哪些路段搭車、哪些路段徒步，大概說得太匆促，他算完居然是五百多公里，我心想不對呀，趕快阻止他：「對不起，應該沒有那麼多喔？」

他笑問：「那你覺得大概有多少？」

「可能300左右？」

我想保守點估計，以免多寫我沒走過的路途，最後在證書寫上300公里，後來我根據官方資料仔細計算，是358公里。

　　拿完證書，雨也停了，回到教堂廣場前心情雀躍，幾乎想小碎步奔跑，但實際上我只是靜靜走過。徒步旅程完美圓滿，我是這麼認為，心中充滿感恩。

　　踩著濕透的鞋襪來到住宿處，雖然身體疲倦但心情亢奮。梳洗過後，我換上室內拖鞋和 Michel 出去走走，被聯合國教科文組織列為世界文化遺產的舊城區十分美麗，充滿歷史況味卻也不缺現代設施與物質文明，狹窄的石板道巷弄在雨中也另有一種風情。我開始為之後的旅途做準備，買了一個新的旅行袋和印有 Santiago de Compostela 字樣的休閒布背包，簡直愛不釋手。

　　晚上墨西哥人 David 和 Michel 說有幾個義大利人推薦了一間好餐廳「Casa Manolo」，我自然也跟著同去。地點離教堂不遠，門前人潮擁擠，等候約30分鐘入場，我已經累到彷彿可以邊喝湯邊睡著，但食物豐盛又好吃。對面坐著幾位第一次見面的義大利朝聖者，除了感謝他們的推薦，也告訴他們我上個月才去了義大利，好喜歡五漁村（Cinque terre），而他們的其中一位就來自那裡。

　　十點左右晚餐結束，男人們在門口討論著想繼續去喝酒，倘若不是體力不濟或者隔天行程安排太緊，幾乎沒有人願意回去睡覺。我和一對台灣網友夫婦有約，他們今晚剛抵達聖地亞哥，準備明天去 Sarria 開始徒步五天，並且非常友好地幫我帶了一點台灣的東西。

TIPS

聖地亞哥德孔波斯特拉主教座堂 Catedral de Santiago de Compostela

朝聖者的終點，羅馬天主教聖地，相傳耶穌十二門徒之一的聖雅各安葬於此。每年7月25日是天主教的重要慶典「聖雅各節」，教堂內會舉行隆重的彌撒，前一天也會舉辦系列慶祝活動，包括光雕展、煙火秀及音樂表演等，非常壯觀。

主教堂始建於公元9世紀，後經戰事摧毀，於11世紀重建，此後又在16及17世紀分別進行大幅度的改革工程，逐漸完善成如今的規模。哥德式尖塔與外牆上精雕細琢著許多巴洛克式雕花與聖經人物雕像，精緻宏偉。若想進一步了解教堂的歷史沿革，可預約參觀博物館與檔案室，也能登頂大教堂的北塔，享受70公尺高的景觀視野，票價約10至12歐元，入口處亦提供語音導覽器租借。

正常時期，教堂每日開放並會為朝聖者舉行四場彌撒，亦會在一些宗教節日或特定日期舉辦具有700多年歷史的薰香儀式（Botafumeiro），氣氛莊嚴神聖。有些人也會排隊參加教堂內部的「擁抱聖雅各金身塑像（Abrazo al Apóstol）」和「禮敬聖雅各遺骨（Veneración del Sepulcro del Apóstol Santiago）」儀式。詳細教堂資訊與活動訊息可查詢官網公告。

add Praza do Obradoiro, s/n, 15704 Santiago de Compostela, Spain
tel +34 981 58 35 48
open 07:00～20:00，朝聖者彌撒時間為07:30、09:30、12:00、19:30。
web www.catedraldesantiago.es/en

🐚Santiago de Compostela住宿推薦

Hotel Suso

位在市中心的旅館,距離大教堂步行約10分鐘,有單人房與雙人房,空間不大但乾淨新穎,設備齊全。

add C/Rua do Vilar Nº 65-1º, 15705 Santiago de Compostela, C, Spain
tel +34 981 58 66 11
price 40 €起　　**open** 全年

Hotel Ilda

位在舊城區的安靜巷弄,離大教堂步行約5行鐘,空間乾淨舒適,有四人房與雙人房選擇。

add Praciña da Algalia de Arriba, 5, 15703 Santiago de Compostela, Spain
tel +34 881 09 29 80
price 18 €起　　**open** 全年

Mundo Albergue

距離大教堂三分鐘路程,地點佳,附近有超市也有餐廳,共34個床位。

add Rúa de San Clemente, 26, 15705 Santiago de Compostela, C, Spain
tel +34 81 58 86 25
price 12€~17€,可選購早餐3€。
open 全年

Albergue Compostela

距離市中心較遠,但鄰近火車站,位在馬路邊,安靜寬敞,床位有拉簾。

add Rúa de San Pedro de Mezonzo, 28, 15701 Santiago de Compostela, Spain
tel +34 628 30 65 56
price 16 €
open 全年

1985年被列入世界文化遺產的舊城區,狹窄巷弄中有歲月沉澱的悠悠古意。

Michel 和我一起在舊城區逛街散步。

　　走向他們投宿的大約位在一公里外的飯店，偶見零星的人們穿梭街頭，雖然有點擔心天色已黑，但想起 David 說的：「You are in a holy city.」（你在一個神聖的城市）。是的，聖城是充滿愛與安全的。

　　但沒料到的是，雨後的街頭非常濕滑，穿著室內拖鞋的我，一不小心在斑馬線上滑了一跤，膝蓋跪地，眼見身旁就停著一輛等紅燈的車，立刻又丟臉又害怕地起身，顧不得疼痛繼續走到飯店門口，和熱愛登山健行的台灣夫婦相談甚歡，可惜時間已晚，只好匆匆別過。

　　回去路上，見 Michel 傳來的訊息：「一切都好嗎？有見到他們嗎？」對一個已經在異國獨自旅行一個多月的人來說，有人在等待和關心的感覺既美好又悲涼，因為它剛剛來到，馬上又要離去。

　　到了住處，Michel 在院子裡等我，展示給他看我流血的膝蓋，他的背包裡竟然有消毒藥水和看起來很高級的OK繃，本來我自己處理這樣一個小傷口也不在話下，但當有人照顧時，立刻變成軟弱的人，彷彿疼痛感也加劇了一些。

　　漫長而豐富的一天結束了，Santiago de Compostela 的精彩還未來得及細細探訪。不久的明天，大家就將分別踏上各自的旅途，雖然當將來回想時，我們會發現聖城是那樣令人意猶未盡、無可取代。

Fisterra
世界盡頭，新的開始

當旅行不再只是觀光的行為，我們對每一次的整裝期許更多。探索自我是旅程結束很久以後，一種恍然的領悟，或是在過程中，一陣駐足的靜默。

空曠的海角冷風拂面，
至此以後，轉身就是下一段旅途。

在朝聖護照上蓋的最後一個章。

從前人們以為的世界盡頭，後面是洶湧的大西洋。

對許多朝聖者來說，幾乎與 Santiago de Compostela 同樣重要的另一個地方，就是 Fisterra（菲斯特雷角），名稱源自拉丁文 Finis Terrae，意思是「大地的盡頭」。雖然我們知道它實際上並不是大地盡頭，歐洲大陸最西端也是位在葡萄牙的羅卡角（Cabo da Roca），但在古羅馬時代，當時的人們就以為這裡是世界盡頭，如今便也繼續沿用此稱呼。

昨日抵達的朝聖者們今天早上會有這些動向：一些人選擇繼續徒步去 Fisterra，一些人搭巴士去 Fisterra，還有一些人停留休息或者直接離開到別的城市。Michel 是第一種，我是第二種，David 是第三種。

前一晚我向飯店櫃檯打聽一日遊的資訊，到附近的旅遊公司報名，第二天早上9點集合出發，巴士上坐著一些像我這樣的朝聖者，也有一些普通的旅客。沿途會停靠 Fisterra 和另一個知名的海邊小鎮 Muxía（穆希亞），以及因其險惡的暗礁海勢、在過去1500年中見證過多次沉船事故、被當地人稱作死亡海岸的地方──Costa da Morte。

導遊是一位親切的會說流利英文的西班牙人，很認真跟我們解說沿途所見景色，車行約一小時多來到位於峽灣的小村莊 Muxía，一下車就見一座燈塔靜靜佇立岸邊，不遠的空曠山坡上坐落著2003年完工的大型花崗石雕塑 A Ferida（意為「傷口」），紀念2002年因一艘油輪沉沒，導致石油污染海洋，動用許多志工清理的事件。

景區附近的小攤商，我匆匆跟他買了一條項鍊紀念品。

走向 Fisterra 燈塔，小小一個區域吸引許多旅人來訪。

Muxía 海邊，陰天中顯得無盡蕭瑟寂冷。

標示0公里的石碑上吊掛著一雙舊鞋，很具徒步的意象。

一旁同樣有刻著「0.00 KM」的里程石碑，對朝聖者們來說，Fisterra 和 Muxía 都是終點，因為到此處已無陸地可去，同時它也象徵著全新的起點。

下一站是眾人期待的有四千多年歷史的 Fisterra，海角風勢猛烈，標誌性的燈塔是每個旅人的必訪之地。這裡曾是人們以為的世界盡頭，眼前只見一望無際的大西洋，海水在晴天時非常湛藍美麗，但在陰天中十分寂靜，倘若不是有眾多遊客走在其中，一定更顯得清冷。

據說有些朝聖者會在此留下自己的衣物或鞋子，象徵拋下過去，迎向新生。但我想倘若每個人都這麼做，這裡是不是很快會堆滿垃圾？我什麼也沒留下。

燈塔旁有個人設置了 Fisterra 的蓋章服務，費用自由樂捐，眾人紛紛拿出自己的朝聖護照，在這裡蓋上最後一個世界盡頭的紀念章。

世界盡頭的十字架。

Muros 小鎮港口，停泊著許多船隻。

距離聖地亞哥約20公里的小村莊，有幽靜的流水與石橋。

Fisterra 和 Muxía 都是屬於朝聖之路的範圍，倘若徒步前往，日程大約需要五天，完成後可再領取兩張獨立的朝聖證書 Finisterrana 和 Muxiana。

世界盡頭證書領取地點

Finisterrana——Punto Information

徒步中每日需在朝聖護照上蓋一個章，證書免費。

add Rua Carrumeiro, 10, 15155 Fisterra, A coruna, Spain

Muxiana——Oficina Municipal de Turismo

從 Fisterra 到 Muxía 徒步需一天。證書免費，領完證書後可搭巴士回 Santiago de Compostela。

add Rua Virxe da Barca, 47, 15124 Muxia, A Coruna, Spain

Fisterra一日遊及巴士交通

自 Santiago de Compostela 前往 Fisterra 或 Muxía，可選擇搭 Monbus 巴士，每天有5個班次，車程約1.5至2小時，單趟票價約7歐元，可到當地遊客中心洽詢或者在投宿的庇護內都能取得相關資訊。

倘若想輕鬆簡便一些，極推薦參加當地的 Fisterra 一日遊行程，沿途會停靠 Muxía 和 Muros 等村莊小鎮，能夠省卻繁瑣的交通問題，還能瀏覽更多地方。在主教堂廣場附近有人會發放一日遊的宣傳 DM，或者在任何一間投宿的飯店或庇護所都能取得相關資訊，一日遊費用約35€。

Monbus辦公室

(可前往索取巴士資訊與購票)

add Calle Carretas nº33, Santiago de Compostela

time 週一至週五10:00~14:00、15:00~18:00，週六10:00~15:00

巴士時刻線上查詢與購票

www.monbus.es/en

ART natura旅遊公司

位在主教堂附近，服務很好，提供 Fisterra & Muxía 一日遊行程，費用35€。

add Praza de Fuenterrabia 2, 15702 Santiago de Compostela, Spain

tel + 34 981 587 454

time 週一至週日10:00~14:00、16:00~20:00

web www.artnaturagalicia.com/en

聖地亞哥遊客中心Turismo de Santiago

add Rua do Vilar, 63, 15705 Santiago de Compostela, Spain

tel +34 981 55 51 29

time 週一至週日09:00~20:00

結束緊湊的徒步日程回到人群，心境已變得輕鬆悠然。

我最愛的章魚料理，當地餐廳每次用餐都會附上一籃麵包。

從聖地亞哥火車站搭西班牙國鐵到馬德里，車程約5.5小時。

　　滿足地離開 Fisterra，前往海岸小鎮 Muros（穆羅斯）午餐，當地海鮮美味且價格合理，我念念不忘朝聖路上的水煮章魚，便再來點一份，一邊望著不遠處港口停靠的整排小船遊艇，十分享受這片刻的寧靜與舒適。

　　回程之前，最後停靠 Ponte Maceira 村莊，這裡也是徒步前往 Fisterra 的必經之地，距離 Santiago 約20公里處。風景優美的郊野立著一座古老的石橋，總是讓我想起那句相傳是佛陀弟子阿難所說：「我願化身石橋，受那五百年風吹，五百年日曬，五百年雨淋，只求她從橋上經過。」是多麼無邊無際令人不忍想像的深情啊。

　　傍晚5點半回到聖地亞哥，我終於有時間進去主教堂內部逛逛，教堂的入口很多，多番詢問才找到。內裡因在整修很多部份暫不開放，我在莊嚴的氛圍中點燃兩支蠟燭祈福，因為提著行李實在太重，參觀了一會兒便靜靜離開，走向1公里外的住宿處。

　　明天我將會到市郊、那棟建築古色古香的 Santiago de Compostela 火車站，搭火車到馬德里，已經預定好的旅程安排讓我必須準時出發，從寧靜純樸的朝聖之路回歸熱鬧都市，當我意識到自己有多麼戀戀不捨，那是在離開以後。

為了讓靈魂更茁壯

寫完本書，發現自己用了很多「奄奄一息」、「筋疲力盡」等形容詞，實在是相較於喜樂、自在、興奮等，疲累的感覺更加密集並領先。

曾於1996年成功登頂聖母峰的美國作家 Jon Krakauer 在他的書中《Into Thin Air》寫過：「攀登聖母峰就是一個身體忍受痛苦的過程。」雖然相較於缺氧與八千多公尺高海拔的極端惡劣環境，朝聖之路是輕鬆的平民等級，每個你我都可以做到，而體力挑戰和心志磨練就是組成它令人嚮往的迷人部份之一。

儘管我在出發前也曾大略做過功課，但直到自己走完以後，才更知道應該怎麼走，幾乎想回頭重來一遍。我也逐漸明白為什麼有許多歐美朝聖者彷彿迷上 Camino 似的，來過一次又一次，那其中的單純、原始、遠離都市喧囂，寧靜的徒步生活，構成令人無法抗拒的吸引力。

倘若再來一次，我這次絕對會穿上厚底防水的鞋子，第一天就要買到登山杖，並切莫選在雨天翻越庇里牛斯山，那麼一切也許會順利許多。

但同時我也相信「任何事發生必有其目的，已經發生的事就是最好的事。」譬如我和 Michel 相遇，也是一種不可思議的機緣巧合，雖然我們都很難忘朝聖路上的時光，後來也曾在德國短暫相聚，但緊接而來的遠距離考驗，又是另一段故事。

有人說，走一趟朝聖之路會改變你的人生，切莫相信這種論述，改變我們人生的不是一條路，而是想法。當然增廣了見聞，深刻了眼角紋路，能豐富你的人生，壯大你的靈魂。

2019.冬

"Omnes dies et noctes quasi sub una sollempnitate continuato gaudio ad Domini et apostoli decus ibi excoluntur. Valve eiusdem basilice minime clauduntur die noctuque, et nullatenus nox in ea fas est haberi atra (cf. Ap 21, 25), quia candelarum et cereorum splendida luce ut meridies fulget". (Códice Calixtino)

Capitulum Almae Apostolicae et Metropolitanae Ecclesiae Compostelanae omnibus hanc visitationis chartam legentibus notum facit

Chen Lo-Chen

hanc Basilicam et Sancti Iacobi Sepulcrum visitasse.

Ei advenienti Capitulum Metropolitanum summo gaudio salutem in Domine dicit, et officio caritatis ductum precatur ut Pater per ipsius Apostoli intercessionem ei tribuere dignetur non tantum bona humani corporis, sed etiam inmateriales peregrinationis opes.

A benedicto Iacobo benedicatur.

Datum Compostellae die *18* mensis *Iunii* anno Dni *2019*

Segundo L. Pérez López
Deán de la S.A.M.I. Catedral de Santiago

修訂版

一個女子的朝聖之路
西班牙徒步壯遊攻略

作者 陳洛蓁 Jean Chen
執行編輯 許岳婷
美術設計主任 周慧文
特約美術設計 洪玉玲
地圖繪製 游嘉惠
行銷企劃經理 呂妙君
行銷企劃專員 許立心
全媒體主編 謝沅真
特別感謝部份圖片提供 顏小樹

生活旅遊事業總經理兼墨刻社長 李淑霞
出版公司 墨刻出版股份有限公司
地址 台北市 104 民生東路二段 141 號 9 樓
電話 886-2-2500-7008
傳真 886-2-2500-7796
E-mail mook_service@hmg.com.tw
網址 travel.mook.com.tw

發行公司 英屬蓋曼群島商家庭傳媒
　　　　股份有限公司城邦分公司
城邦讀書花園 www.cite.com.tw
劃撥 19863813
戶名 書虫股份有限公司
香港發行所 城邦 (香港) 出版集團有限公司
地址 香港灣仔駱克道 193 號東超商業中心 1 樓
電話 852-2508-6231
傳真 852-2578-9337
製版 藝樺彩色製版股份有限公司
印刷 科樂印刷事業股份有限公司

ISBN 978-986-289-758-4
ISBN 978-986-289-759-1（EPUB）
城邦書號 KY0044

初版 2020 年 3 月
修訂一版一刷 2022 年 9 月
定價 NT$380・HK$127

國家圖書館出版品預行編目資料

一個女子的朝聖之路 , 西班牙徒步壯遊攻略
陳洛蓁作 . -- 修訂一版 . -- 臺北市 : 墨刻出版
家庭傳媒城邦分公司發行 , 2022.09
224 面 ; 16.8*23 公分
ISBN 978-986-289-758-4(平裝)
1. 徒步旅行 2. 西班牙
746.19　　　　　　　　　　　　111014325